1914 - 1915

Les Opérations
Franco=Britanniques
dans les Flandres

« L'unité de direction seule réalise prati-
quement l'unité de vues. »

BONAPARTE,
Commandant en chef de l'armée d'Italie

AVEC 9 CROQUIS ET 2 CARTES HORS TEXTE

PARIS
Henri CHARLES=LAVAUZELLE
Éditeur militaire
124, Boulevard Saint-Germain, 124

Même Maison à Limoges

1916

Les Opérations Franco-Britanniques

dans les Flandres

Les Opérations
Franco=Britanniques
dans les Flandres

« L'unité de direction seule réalise prati-
quement l'unité de vues. »

BONAPARTE,
Commandant en chef de l'armée d'Italie.

AVEC 9 CROQUIS ET 2 CARTES HORS TEXTE

PARIS
Henri CHARLES-LAVAUZELLE
Éditeur militaire
124, Boulevard Saint-Germain, 124
—
Même Maison à Limoges
—
1918

DU MÊME AUTEUR

SOUVENIRS DE CAMPAGNE AU MAROC

Préface du Colonel Reibell

In-8° de 650 pages, avec 22 croquis dans le texte et 1 carte du Maroc
hors texte.   7 fr. 50

Ouvrage honoré d'une souscription du Ministère de la guerre.

INTRODUCTION

La guerre actuelle est extrêmement compliquée. Les masses qui sont aux prises ne
ressemblent en aucune façon aux armées des
campagnes antérieures : ce sont des peuples
entiers qui se dressent en armes. Il en résulte
un accroissement inconnu de la zone d'action
et un enchevêtrement, à première vue inex-
tricable, d'opérations engagées simultanément un peu partout sur l'immense front.
Cependant, la guerre étant dirigée, il y a
nécessairement de l'ordre au fond de ce
chaos. Les efforts et les frottements ont une
répercussion certaine les uns sur les autres :
une manœuvre paraît isolée et cependant son
germe est la conséquence du résultat acquis
antérieurement sur un autre point, quelque-
fois très éloigné. Il appartient aux études de
mettre en lumière cette corrélation étroite
entre les événements et de donner à la guerre
son véritable aspect : une chaîne, sans solution de continuité, d'actions raisonnées et

voulues, qui sont chacune le corollaire (1) de la situation militaire qui précède.

Aussi est-il indispensable, avant d'entreprendre une période définie de la guerre, de la « situer » par l'exposé succinct mais net des grands faits antérieurs. Cette mise dans le cadre sera réalisée, pour les *Opérations franco-britanniques dans les Flandres* (1914-1915), par le tableau à grandes lignes des deux phases principales : la manœuvre de Charleroi et la bataille de la Marne.

I

Il y a, paraît-il, quatre ou cinq hypothèses différentes sur le but général poursuivi sur le front d'Occident par les Allemands en août 1914. L'ingéniosité, un peu spécieuse, des experts et des critiques s'est donnée libre cours dans ce champ très vaste et élastique; mais, à vouloir trop approfondir et disséquer, on risque, dans les choses militaires, de perdre la notion juste et saine.

La guerre exige une conception simple; elle ne demande pas tant de ciselures; elle

---

(1) **Mais** pas toujours logique : cela dépend de la valeur du cerveau qui dirige.

repose avant tout sur la logique et le gros bon sens. L'attaque par la Belgique et les vallées de la Sambre et de l'Oise offrait aux Allemands de tels avantages capitaux qu'il était certain qu'ils ne devaient pas hésiter :

a) C'est l'axe d'invasion le plus court.

b) Jusqu'au dernier moment, l'effet de surprise est maintenu : les Français sont dans le doute sur l'observation ou non de la neutralité belge.

c) Par cette voie, l'ennemi tourne les lignes successives et principales de résistance : falaises du bassin parisien dont l'une (côtes de Meuse) est redoutable, jalonnée par Verdun-Toul-Epinal.

d) Malgré le doute, il faut bien que l'armée française prenne une position. Elle ne peut tabler d'avance sur la violation de la Belgique. De plus, il y a l'appât de l'Alsace que l'on doit avoir hâte de libérer et qui doit tenter le commandement. Il y a donc les plus grandes chances pour que la zone générale de concentration soit orientée face à l'est. D'où deux avantages immédiats :

1° Route à peu près libre devant la principale voie d'invasion;

2° Possibilité soit de surprendre l'armée

française en flagrant délit de changement de front, soit même (les masses modernes sont d'une telle lenteur à remuer) de prendre toute cette armée à revers et la couper de ses communications avec Paris et l'intérieur (nouveau Sedan).

Un seul inconvénient sérieux : l'entrée en ligne de l'Angleterre. Mais on sacrifie la guerre navale qui est secondaire dans le conflit; puis, l'armée britannique est inexistante encore et sa vitalité militaire future, insoupçonnée.

Ces raisons sont d'un tel poids dans la balance des décisions, qu'elles dispensent des autres.

La masse principale d'invasion allemande est ainsi constituée :

Ire armée. — Itinéraire : Liége-Bruxelles-Mons (1).

IIe armée. — Itinéraire : Huy-Namur-Charleroi.

IIIe armée. — Itinéraire : Spa-Dinant-Givet.

IVe armée. — Itinéraire : Luxembourg belge-Mézières.

---

(1) Les unités allemandes seront numérotées en chiffres romains; les nôtres, en chiffres arabes.

V^e armée. — Itinéraire : Luxembourg-Longwy-Verdun.

Cette dernière armée tient le rôle de pivot de conversion.

Au total : vingt et un corps d'armée (quatorze actifs, sept de réserve); deux corps et trois divisions indépendantes de cavalerie.

Le 21 août 1914, l'avant-garde de la IIe armée atteint, dans la matinée, la rive nord de la Sambre aux environs de Tamines et d'Auvelais. Le premier contact s'effectue avec les troupes françaises établies sur la rive gauche. Ces forces appartiennent à la 5e armée (quatre corps — trois divisions et une brigade coloniale indépendantes rattachées plus tard aux corps d'armée — un corps et trois divisions indépendantes de cavalerie). Cette armée va supporter seule, avec la petite armée embryonnaire anglaise, le choc de la masse allemande.

La 5e armée, dont la concentration est couverte par l'angle Sambre-Meuse, prend le dispositif initial suivant :

1er corps : sur la rive gauche de la Meuse, face à l'est, de Givet à Namur.

Les 10e et 3e corps accolés, sur la rive sud de la Sambre, face au nord (10e corps, d'Au-

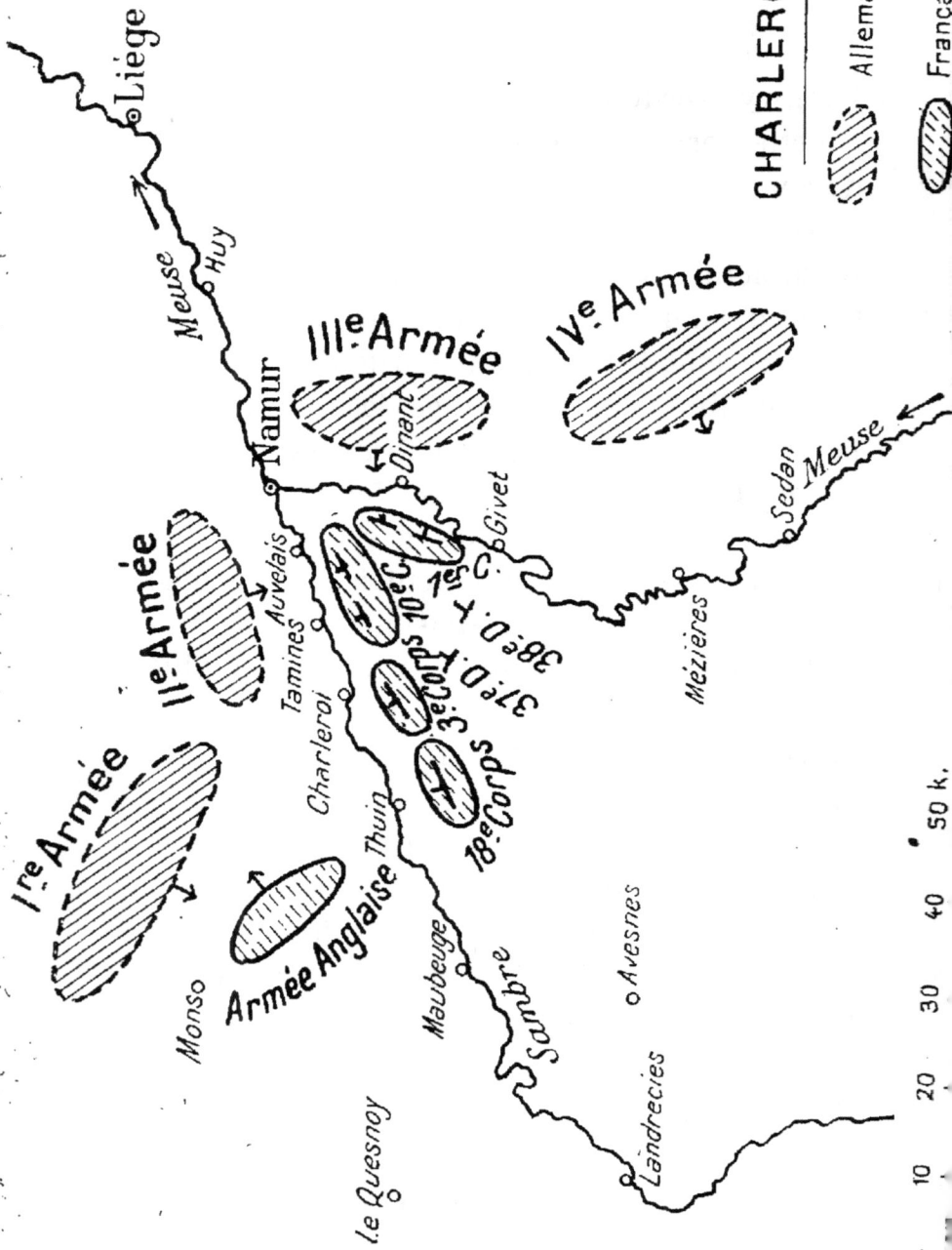

CHARLEROI

Allemand

Français

Liège

Meuse

Huy

Namur

IIIe Armée

IVe Armée

Dinant

Givet

Meuse

Sedan

IIe Armée

Ire Armée

Auvelais

Tamines

10e C.

1er C.

37e D.I.

38e D.I.

3e Corps

18e Corps

Charleroi

Monso

Thuin

Armée Anglaise

Mézières

Maubeuge

Sambre

Avesnes

le Quesnoy

Landrecies

0.   10   20   30   40   50 k.

velais à Tamines; 3ᵉ corps, du Châtelet à Charleroi).

Les 37ᵉ et 38ᵉ divisions d'infanterie indépendantes sont placées en soutien (37ᵉ, région de Florennes-Philippeville; 38ᵉ, région de Souzée-Berzée).

Quant au 18ᵉ corps, débarqué à Avesnes, il termine à peine sa concentration le 21 et doit venir prolonger la gauche du 3ᵉ corps vers Thuin.

La 3ᵉ division d'infanterie indépendante (réserve) n'a pas non plus achevé sa concentration; elle ira relever sur ses emplacements le 1ᵉʳ corps qui deviendra ainsi disponible pour la manœuvre.

Ainsi constituée la 5ᵉ armée est couverture gauche du dispositif général français. L'armée britannique est en pleine gestation : le 20, elle est encore dans la région Le Cateau-Landrecies-Le Quesnoy.

Ce dispositif montre qu'à la date du 20 août, la situation exacte n'est pas encore connue du commandement français. *Un service des renseignements rapide et précis est indispensable à la guerre :* sans lui, les plus belles qualités militaires demeurent impuissantes, puisque les ordres donnés ne répondent nullement aux besoins. Il est évident que la liaison n'est pas assez étroite entre la 5e armée, sur qui va fondre l'attaque principale ennemie, et le gros des forces françaises, orienté vers la Lorraine. De plus, en ce qui concerne spécialement la 5e armée, la situation comporte une extrême prudence ; il ne peut être question, avec quatre corps (le 18e est en retard), de *vaincre* ou même de refouler une masse frontale de 220.000 hommes dont la garde (armée von Bülow), flanquée à sa gauche d'une armée de 140.000 hommes (von Hausen) qui entreprend de Namur à Givet le passage de la Meuse, et à sa droite de l'armée von Kluck (220.000 hommes). Il s'agit, pour la 5e armée :

1° De tirer parti de la ligne d'eau Meuse-Sambre pour retarder au maximum la pression de l'ennemi ;

2° D'avertir sans retard le grand quartier général de la nouvelle situation pour modifier en vitesse les dispositions initiales.

Et la réalisation demande :

a) Une avant-ligne, imbue de l'esprit de sacrifice, tenant les plateaux au nord de la Sambre.

b) Une ligne de divisions (et non de corps)

défendant le passage de la Meuse et de la Sambre, soutenue par *toute l'artillerie disponible,* occupant deux têtes de pont : l'une sur la Meuse, l'autre sur la Sambre.

c) Le gros de l'armée (six divisions au lieu de deux) en position d'attente dans l'angle Meuse-Sambre et prêt à intervenir sur l'une ou l'autre rive par le jeu des têtes de pont.

d) A la fortification de campagne, son maximum de rendement; le plein des munitions, surtout d'artillerie. Enfin, le chef doit être attentif à discerner, pour contre-attaquer avec sa masse, le moment de crise dans la situation de l'ennemi. Cette crise se produira inévitablement, au plus tard, quand l'adversaire risquera le franchissement des lignes d'eau.

La situation, déjà délicate, de la 5e armée, va encore empirer du fait d'un ordre d'offensive donné pour la journée du 22. La situation générale est encore assez obscure, le 20, pour que le grand quartier général français maintienne sa décision primitive d'offensive vers la Lorraine; la 5e armée, en ce qui la concerne, appuiera le mouvement. En conséquence, le 21, le quartier général d'armée donne des ordres pour ouvrir, le 22, une offensive vers Liége. Mais ce jour-là (21), à peine les ordres écrits, l'ennemi intervient brutalement et bouleverse les plans. On peut se demander pourquoi la nombreuse cavalerie de la 5ᵉ armée (un corps et trois divisions indépendantes) n'a pas éventé les profondes masses allemandes qui rayonnent de tous les côtés à une ou deux journées de marche ?

Le choc allemand (quatre corps, dont la garde, accolés) pèse d'abord sur le 10ᵉ corps, puis s'étend rapidement au 3ᵉ ; le 18ᵉ est encore en arrière avec l'armée anglaise. Tout de suite, l'ennemi déploie une supériorité incontestée d'artillerie : le 10ᵉ corps plie sous le poids ; l'assaillant s'empare d'Auvelais et de Tamines. L'ennemi, sentant un point faible, bourre ; sa pression se fait particulièrement violente au point de soudure des 3ᵉ et 10ᵉ corps. La situation devient un moment critique dans la soirée du 21 : le 10ᵉ corps, refoulé, découvre la droite du 3ᵉ. Mais une vigoureuse contre-attaque et la nuit (les troupes ni l'artillerie ne sont encore dressées à la lutte nocturne) rétablissent la liaison. Le 22, au matin, la 5ᵉ armée, de plus en plus pressée, essaie de se dégager ; pour rejeter l'ennemi au nord de la Sambre et reprendre les deux points de passage d'Auvelais et de Tamines, toute la réserve (37e et 38e divisions) est engagée. Ces deux divisions, composées de troupes d'Afrique, mènent un assaut superbe d'entrain et de courage; l'ennemi renonce à percer le centre de la ligne française. Mais il passe aussitôt à sa tactique favorite : le VIIe corps enveloppe la gauche du 3e. La situation devient à nouveau critique pour la 5e armée, qui ne dispose plus de réserves fraîches en face d'un adversaire de plus en plus nombreux et agressif. Mais, une fois encore, les événements se lient *à temps* pour arranger les choses : l'entrée en ligne du 18e corps à la gauche du 3e transforme la menace débordante du VIIe corps allemand en attaque frontale beaucoup moins dangereuse; la 51e division de réserve a enfin relevé le 1er corps face à la Meuse, et celui-ci devient disponible; les troupes anglaises sont arrivées dans la région de Mons et couvrent provisoirement la gauche de l'armée.

Aussitôt, avec une remarquable rapidité de décision, le commandement français profite de ces nouvelles troupes pour essayer de reprendre la maîtrise de la Sambre. Les 10e, 3e et 18e corps vont mener l'attaque de front;

le 1er corps va se jeter dans le flanc gauche des troupes allemandes qui ont passé la Sambre. L'armée anglaise, en liaison entre Mons et la Sambre, va contenir toute menace d'enveloppement sur la gauche de l'armée.

Mais ici encore apparaît la valeur capitale du *renseignement* à la guerre. L'imprévu est la ruine de la plupart des combinaisons. La 5e armée va payer deux écarts des principes éternels :

Elle est restée aveugle, deux fois, à la merci d'une *surprise* malgré une cavalerie abondante ;

Elle n'est pas en liaison *matérielle* avec le rassemblement principal des forces françaises.

La manœuvre projetée est brisée à peine élaborée. La IIIe armée allemande atteint la Meuse, et son avant-garde (XIIe corps) enfonce la 51e division de réserve. Le 1er corps est orienté dans le combat sur la Sambre ; il n'y a plus de réserve pour intervenir. L'ennemi s'empare des passages de la Meuse. Le 1er corps, tant bien que mal décroché, est opposé à la IIIe armée ; mais, bien entendu, après toutes ces péripéties, il arrive trop tard, et puis l'ennemi reçoit continuellement des renforts.

Pendant ce temps, l'armée britannique, au lieu de n'avoir affaire, comme le pense le commandement français, qu'aux éléments de droite de la IIe armée, se heurte à toute la Ire armée allemande. Elle ne peut tenir devant cette poussée formidable, et, dans la journée du 23, elle est contrainte à un mouvement de retraite qui découvre la 5e armée. Celle-ci, devant ces événements inattendus, incapable de réagir faute de forces neuves, ses troupes fortement éprouvées, et devant l'impossibilité d'être secourue à temps, se replie sur Guise et, talonnée par l'ennemi, s'achemine vers la Marne.

II

Les forces allemandes forment deux masses :

1° La principale, masse de manœuvre, comprend les Ire, IIe, IIIe, IVe et V^e armées, celle-ci agissant comme pivot. Son rôle consiste à envelopper et tourner le rassemblement principal français.

2° Pendant ce temps, une masse secondaire

est chargée d'attirer vers l'est, en Lorraine et en Alsace, l'attention du commandement général français. Les VIe et VIIe armées opèrent en Lorraine, directement opposées à la 1re armée française; la VIIIe armée essaie d'attirer en Alsace la 2e armée française.

L'aile marchante de la masse de manœuvre (Ire armée) dédaigne l'objectif géographique, même quand il a la valeur morale de Paris, et se rabat vers Meaux-la Ferté-sous-Jouarre;

La IIe armée, venant de Charleroi, doit se présenter à la Marne à Château-Thierry;

La IIIe armée a son point de passage fixé à Epernay;

La IVe armée passe à Châlons-sur-Marne;

Enfin, la Ve armée longe l'Argonne et prend comme direction Bar-le-Duc.

L'opposition française, si faible à Charleroi, est ici plus sérieuse :

La 3e armée est opposée à la Ve allemande;

La 4e armée se concentre autour de Vitry-le-François;

La 7e armée s'approche d'Epernay;

La 5e armée est en reconstitution vers Provins;

L'armée britannique se masse à l'ouest de Coulommiers;

Enfin, la 6ᵉ armée est en formation dans le camp retranché de Paris.

L'intention de l'état-major allemand est d'encercler les forces françaises qu'il suppose toujours orientées vers la Lorraine et l'Alsace.

La contre-offensive française contiendra, avec les 3ᵉ, 4ᵉ et 7ᵉ armées, le front allemand; elle pèsera, avec la 5ᵉ armée et les troupes britanniques, sur l'aile droite allemande; la manœuvre sera exécutée par la 6ᵉ armée qui, débouchant du camp retranché, assaillira le flanc droit de la Iʳᵉ armée ennemie.

Toutes les armées, dont les rôles et secteurs sont définis, gagnent leur champ d'action; en particulier la 5ᵉ armée se porte sur la ligne du Grand-Morin. Ces mouvements préparatoires doivent être terminés le 8 septembre.

Le commandement de la Iʳᵉ armée (IIᵉ, IIIᵉ, IVᵉ, IXᵉ corps actifs, IVᵉ corps de réserve (1) et un corps de cavalerie) ne soupçonne pas la formation de la 6ᵉ armée (troupes reti-

---

(1) Les deux grandes surprises de la guerre ont été :

1° L'emploi généralisé de l'artillerie lourde dans la guerre de campagne;

2° L'amalgame allemand des corps actifs doublés des corps de réserve.

rées d'Alsace, troupes d'Afrique, éléments de
l'intérieur) et tient le camp retranché pour
négligeable et d'ordre secondaire. Il se con-
tente, dans son mouvement de conversion
vers le sud-est, de le faire observer par le
IVe corps de réserve, établi entre la Biberonne
et l'Ourcq. Ici se vérifie encore la vérité d'un
des deux ou trois grands principes qui régissent *toutes les guerres* :

« La force d'un ennemi ne peut être évaluée
qu'après un combat. »

Il y avait peut-être lieu de négliger Paris
en tant qu'objectif géographique; il n'y avait
pas lieu de passer à proximité du camp
retranché sans le sonder par les armes.

Le dispositif adopté par la Ire armée est
remarquable comme articulation élastique
d'aile marchante : les IIe et IVe corps constituent l'aile droite; la cavalerie, le centre; les
IIIe et IXe corps, l'aile gauche. Grâce à la
cavalerie qui peut s'étaler, l'aile droite peut,
tandis que l'aile gauche aggripe la droite
ennemie de front, prendre du champ et exécu-
ter un enveloppement élastique sans compromettre la liaison.

Le 7 septembre, la Ire armée trouve la
5e sur sa route; celle-ci gagne ses emplace-

ments sur la ligne du Grand-Morin. L'armée anglaise, liaison avec l'armée de manœuvre, apparaît à hauteur de Villeneuve-le-Comte entre le Grand-Morin et l'Yères; *la 6ᵉ armée débouche du camp retranché et fait face au IVᵉ corps de réserve, sa gauche à Dammartin, sa droite à la Marne.*

Le 8, la 6ᵉ armée exerce une pression constante sur le IVᵉ corps (réserve); le 9, ce dernier est refoulé derrière l'Ourcq. Devant cette menace grandissante qui fait coin vers ses communications, la 1ʳᵉ armée arrête son mouvement offensif et replie son aile droite.

La 5ᵉ armée et les troupes britanniques gardent le contact, pressent l'ennemi et le conduisent ainsi derrière la ligne du Petit-Morin. Pendant ce temps, des événements sérieux se produisent à droite entre la IIᵉ armée (celle qui a vaincu à Charleroi) et la 7ᵉ armée, hâtivement constituée, faite « de pièces et de morceaux ». Mis au courant de l'imprévu qui gêne les opérations de la Iʳᵉ armée (aile marchante donc indispensable pour l'enveloppement projeté), le commandement de la IIᵉ armée décide de donner à fond pour disloquer le front français. Devant cette attaque massive qui se produit du 7 au 9, la

7ᵉ armée fléchit : sa ligne de combat des marais de Saint-Gond à Morains se replie jusqu'à Barbonne-Mailly. Ce mouvement peut être gros de conséquences, car il découvre la droite de la manœuvre française (5ᵉ et 6ᵉ armées). Si la 7ᵉ armée ne se ressaisit pas, la bataille est perdue. L'intérêt de la lutte ne réside plus, le 9 au soir, dans le succès de la manœuvre, mais dans le rétablissement d'un secteur du front de bataille. Ce qui prouve, une fois de plus, qu'à la guerre il ne faut s'étonner de rien.

Heureusement, malgré le mouvement de repli de l'un et la progression de l'autre, la liaison est restée étroite entre les 7ᵉ et 5ᵉ armées.

Dans la nuit du 9 au 10, la situation est rigoureusement la même pour chaque adversaire :

Chacun d'eux peut déclencher l'attaque de flanc qui amènera la décision. Le succès appartiendra à celui qui saura gagner l'autre de vitesse dans la manœuvre. Plus que jamais, avec les lourdes masses modernes, sera chef heureux, à la guerre, celui qui voit. décide et agit avec une rapidité foudroyante. Le miracle de la Marne n'est autre chose que le triomphe de l'esprit vif et alerte français sur la méthode compassée allemande. La 5ᵉ armée détache le 10ᵉ corps et le 10, à l'aube, l'engage dans le flanc de la IIᵉ armée.

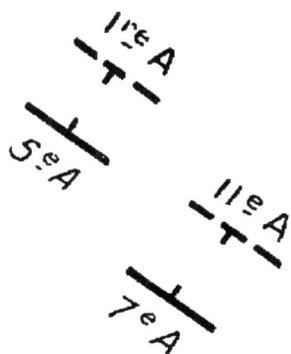

Fɪɢ. 2.

Celle-ci, inquiète à son tour sur ses communications, se replie vers la Marne, entraînant naturellement la IIIᵉ armée (une des plus faibles). Le contre-coup se fait sentir jusqu'à la IVᵉ armée, vers Châlons. Verdun, attaqué par la Vᵉ armée qui veut reprendre, mais trop tard, le rôle de la IIᵉ armée, résiste opiniâtrement et devient la charnière du mouvement offensif qui transporte le théâtre des opérations de la Marne sur l'Aisne.

La manœuvre, qui est fuyante et mobile, a besoin, pour réussir, de « s'amarrer » à un pivot dont la stabilité est indispensable. La bataille de la Marne a eu deux pivots : un principal, le camp retranché de Paris, pour appuyer la manœuvre de la 6e armée, et un secondaire, sur la ligne même de bataille, le château de Mondement, pour fixer la manœuvre du 10e corps. Les opérations qui ont suivi, de la Marne à l'Aisne, ont eu Verdun comme pivot.

. . . .

La conduite de la guerre, qui n'est autre que l'emploi raisonné de la force militaire, relève de trois facteurs : la stratégie, la tactique et la technique.

La stratégie est l'art de la répartition des efforts. Elle discerne les points où il convient de frapper avec l'intention de briser de ceux où il suffit d'occuper l'ennemi. En corollaire, elle préside au groupement général des forces. La guerre de tranchées, qui est une forme généralisée et amplifiée de la guerre de siège, a réduit considérablement l'intervention de la stratégie. Sur le théâtre principal, la résistance linéaire, développée de la Suisse à la mer, ne laisse pas un pouce libre pour le mouvement, les combinaisons, l'effet de surprise. Il ne peut se produire là que le choc brutal et sans art de deux masses puissantes qui se heurtent de front jusqu'à ce que l'une cède par usure, épuisement matériel et surtout moral. Il résulte immédiatement de cette situation la nécessité, pour les Alliés, d'avoir une direction supérieure de la guerre *unique*. Cette direction plénipotentiaire, aussi peu nombreuse que possible, ordonne toutes les mesures concernant :

1º Le blocus, qui est le but de l'effort maritime ;

2º Les opérations des armées interalliées, sans distinction de peuple ni de front ;

3º Les dispositions nécessaires, même d'ordre intérieur, avec contrôle, pour porter les ressources militaires (matériel et hommes) de chaque peuple à son maximum de rendement ;

4º La politique générale, les rapports avec les neutres qui, en aucun cas, ne doivent influencer les opérations militaires.

Tôt ou tard, il en faudra venir à cette dictature interalliée. Que d'erreurs et même de fautes, qui seront relevées plus tard par l'Histoire, auraient été évitées si les Alliés s'étaient pliés, dès le début, à la discipline d'une dictature agissant, et sans appel, au nom de tous. Chacun, trop longtemps, a voulu garder son autonomie dans le groupe et sa liberté. Il n'est pas si petite armée, novice dans la lutte, qui n'ait voulu jalousement faire la guerre pour son propre compte. A cette manière décousue, où la méthode est absente, s'ajoutent, par exemple dans les opérations balkaniques, de mesquines et égoïstes polémiques qui mènent droit à l'insuccès. Il y a des difficultés, certes, résultant de la dispersion géographique des Alliés. Mais l'intelligence, l'esprit d'organisation et l'énergie doivent surmonter les obstacles. Il s'agit, pour le chef, de discerner avec clarté le but fécond en résultats, de l'entreprendre et d'exiger, *coûte que coûte*, des hommes et des choses la réalisation. C'est le fait des talents secondaires de se laisser influencer par les difficultés. Le chef véritable, l'entraîneur, passe outre parce qu'il sent en dedans de lui la *volonté de passer*. Bonaparte, entreprenant le passage du Saint-Bernard avec une armée, à la fin de l'hiver, et la descente des Alpes malgré les neiges et le fort de Bard, a donné un magnifique exemple de la capacité de vouloir de l'esprit supérieur. Combien de généraux quelconques auraient reculé, épouvantés, devant l'entreprise ! A la guerre, il faut savoir oser, et beaucoup, pour réussir. Mais il faut que, dans la vaste organisation militaire, tout le monde ose dans le même sens; il ne faut pas que chacun tire de son côté, à bâtons rompus; ce serait le désordre, l'anarchie, l'insuccès; et enfin l'audace, dans ces conditions, puisqu'elle n'est pas soutenue, deviendrait une imprudente témérité.

Un exemple mettra en lumière la gestion défectueuse de leurs affaires militaires par les Alliés :

En mai 1915, la situation générale se présente sous un jour éminemment favorable à l'Entente. Les Russes, sur le front du Niemen, avec des alternatives d'avance et de recul, tiennent tête aux armées austro-allemandes. Sur le front de la Vistule, Varsovie reste inviolée. En Galicie, Przemysl, Lemberg capitulent; la cavalerie russe apparaît sur la crête des Carpathes. L'invasion russe en Hongrie paraît imminente.

Sur le théâtre occidental, l'offensive d'Artois produit de beaux résultats : les troupes allemandes semblent être dominées. L'Angleterre, après avoir longtemps tergiversé, marche à fond dans l'organisation militaire, et son armée s'annonce redoutable. L'Italie est à la veille d'intervenir.

Tous les Balkaniques, encore neutres la plupart, se mettent sous pression.

Ce mois de mai 1915 est un nœud de situation pour l'Entente. Il réclame de la clairvoyance et de la décision.

Sur le front occidental il y a eu deux tentatives de rupture qui, malgré d'importants succès locaux, n'ont pas abouti (Champagne-Artois). Cette expérience, après celle fournie par les Allemands eux-mêmes (Yser-Ypres), montre que le système brutal des coups de bélier frontaux, longuement préparés, toujours éventés par l'ennemi, ne peut donner que des résultats éphémères, locaux, rapidement réparés et, somme toute, désagréables pour le vaincu mais peu impressionnants sur le moral. Il est évident que la décision éclatante, celle qui effritera le bloc austro-allemand, qui agira puissamment, et en sens inverse, sur le moral de l'ennemi et des Neutres, doit être cherchée ailleurs. C'est ici qu'apparaît, lumineuse, la nécessité de la direction générale et unique, étrangère aux conceptions particulières et intéressées de chaque belligérant. La solution qui doit inter-

venir à ce moment précis du mois de mai et
qu'un commandement interallié, dégagé de
toute contingence, aurait sûrement vue, *c'est
la prise de Constantinople.*

C'est la première chose à faire. Il faut,
avant toute autre opération, régler la question balkanique, y compris la Turquie et la
Grèce. Les Balkans sont la cause directe de la
guerre. On y sent un foyer en ébullition. Il y
a de gros peuples qui sont encore flottants
(Bulgares, Roumains, Grecs). L'évidence re-
commande de lever leur hésitation par une
démonstration brillante de puissance. Cela
fait, cet appoint important assuré, du même
coup enlevé à l'ennemi, on verra quelles
nouvelles dispositions sont à prendre. En
attendant, un coup terrible aura été asséné à
la Turquie. A ce moment de la lutte, la prise
de Constantinople s'impose.

L'impuissance des conférences à tenir
l'emploi d'un commandement interallié per-
manent est établie par l'expédition des Dardanelles. Celle-ci, qui vise Constantinople,
échoue parce qu'elle est conduite en dehors
de toutes les règles militaires. Elle est l'œuvre
la plus typique des conférences et l'on y
trouve tous les défauts inhérents à ce système.

Les conférences ont l'inconvénient de réunir des hommes politiques et diplomates habitués, non à commander, mais à discuter et palabrer. La prépondérance n'est pas donnée aux chefs militaires et navals. La division du travail, où chacun est responsable de ce qui le concerne, n'existe pas entre alliés. A l'intérieur de chaque nation, il y a le comité de guerre ou le commandant en chef chargé de la conduite des opérations sur tous les fronts, et le gouvernement, assisté des Chambres, pour la vie générale du pays et les relations étrangères. Mais la conduite générale de la guerre, où chaque allié ne représente, en somme, qu'une armée, est laissée dans la plus grande confusion, entre les mains de tout le monde. L'inefficacité de beaucoup de mesures (le blocus), des échecs (Dardanelles), des dispositions prises trop tard (aide à la Serbie, à la Roumanie) et, en corollaire, la longueur de la guerre sont les conséquences de cette anarchie supérieure.

L'affaire des Dardanelles peut réussir en mai 1915, à la condition d'en faire une surprise et une attaque brusquée. Au lieu de cela, deux mois avant le départ du premier transport, la presse dévoila au monde entier non seulement l'intention mais encore le détail de l'opération. Comme si les Turcs germanisés sont sourds et paralytiques! Puis, après avoir laissé tout le temps à l'ennemi pour se préparer, on s'imagine aller à Constantinople exclusivement par mer. On trouve un long défilé barré de mines et de torpilles et flanqué sur terre d'un nombre important de puissantes batteries. Puis, quand l'ennemi est bien sur ses gardes, quand ses doutes sont confirmés, on organise l'expédition par voie de terre. Sous prétexte que les Turcs sont musulmans, on envoie de jeunes classes, non aguerries, ignorantes de la vie du bled, non préparées au climat d'Orient, et cependant il y a de splendides divisions indigènes qui ont fait leurs preuves en Afrique et au Maroc, pays non moins musulmans que la Turquie.

Dès les premiers jours du débarquement, on trouve une résistance acharnée, vigoureuse, dotée des derniers perfectionnements. Rapidement il convient de se rendre compte que le chemin de Constantinople est fermé de ce côté. Le transfert à Salonique exécuté sans tarder, une attitude ferme à l'égard de la Grèce pouvaient, à défaut de Constantinople, tenir les Balkans, surtout la Bulgarie, hésitante, et sauver la Serbie. Les longs mois traînés aux Dardanelles, dans des conditions matérielles et hygiéniques extrêmement pénibles, *avec un but auquel personne ne croit plus*, font perdre cette dernière chance. Voilà l'œuvre des palabres anonymes, des ingérences des non-spécialistes, de l'absence d'un commandement interallié qui ordonne et auquel chacun obéit sans discussion.

D'ailleurs, trois occasions se sont offertes de prendre Constantinople, d'un intérêt si capital. Mais l'absence de commandement entraîne l'absence de méthode. Les occasions passent sans être mises à profit :

1° Au début de la guerre, au lendemain de l'attaque brusquée des côtes algériennes (Philippeville, Bône) par le *Goeben* et le *Breslau*, ces deux croiseurs se réfugient dans les eaux turques. Une poursuite énergique, et, derrière eux, l'occupation militaire des Dardanelles, de la mer de Marmara et de Constantinople tenue sous nos canons auraient pris la Turquie au dépourvu. Elle avait la main forcée pour se ranger aux côtés de l'Entente, et les relations avec la Russie étaient singulièrement facilitées ;

2° L'attaque brusquée du printemps 1915 ;

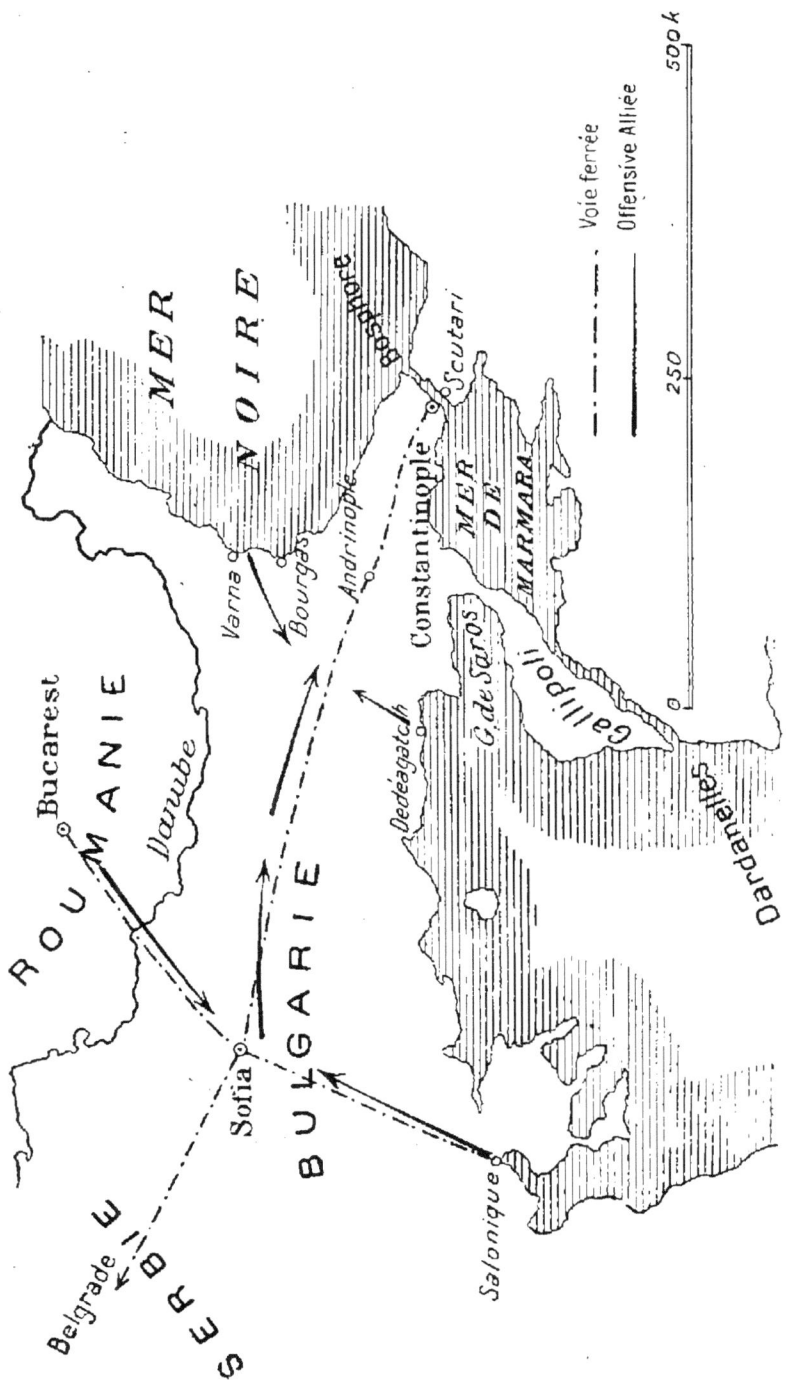

MER NOIRE

ROUMANIE
Bucarest
Danube

SERBIE
Belgrade

BULGARIE
Sofia

Varna
Bourgas
Andrinople
Bosphore
Scutari
Constantinople

MER DE MARMARA

Gallipoli

G. de Saros
Dedeagatch

Dardanelles

Salonique

Voie ferrée
Offensive Alliée

0   250   500 k

Fig. 3.

3

3° L'intervention roumaine (septembre 1916) agissant, non en Transylvanie où elle n'a rien à faire que se perdre, mais en liaison avec l'armée de Salonique sur Sofia (capitale et nœud important de voies ferrées) et de là, à travers la Bulgarie, par Andrinople sur Constantinople. Cette opération peut être combinée avec une offensive russe débarquant à Varna et Bourgas et une offensive alliée partant de Dédéagatch.

L'intervention roumaine, qui aurait pu être féconde, a été gaspillée parce qu'elle a flotté au hasard de ses conceptions particulières et inexpérimentées; tout autre eût été le dénouement si elle avait été engagée par une direction interalliée conformément à *un plan général dont l'exécution est poursuivie avec une farouche et intraitable volonté de vaincre.*

. . . .

La tactique et la technique se confondent souvent l'une avec l'autre. Elles sont cependant distinctes. La tactique est *le rôle* assigné à chaque arme en vue d'un but défini; la technique est *l'emploi*, la manière pratique de se servir de chaque arme. Ainsi Verdun a été en grande partie sauvée, au moment de l'assaut furieux de 1916, par la technique supérieure

de l'artillerie française. Le brio avec lequel
cette spécialité a été employée a fait l'admira-
tion des troupes.

La tactique et la technique modernes sont
des sujets trop importants pour être traités
d'une manière accessoire. Nous leur consa-
crerons une étude spéciale. Elles doivent
d'ailleurs être examinées sous les deux faces de
la bataille moderne : défensive et offensive. Si
les principes sont sensiblement les mêmes, ils
ont, suivant l'un ou l'autre cas, un mode
d'emploi spécial.

. . . .

Enfin, lorsqu'on pratique la guerre, le savoir
ne suffit pas : *il faut encore s'imprégner de
l'esprit de guerre.* Celui-ci doit être prévoyant.
Il doit faire entrer dans la vie normale des
restrictions qui apporteront une amélioration
dans la situation de guerre. Il ne faut surtout pas confondre cet esprit actif et clair-
voyant avec l'apathie et l'indolence qui subissent des privations parce qu'il y a eu défail-
lance d'organisation. Ce genre de sacrifices,
plus ou moins graves, est regrettable; la
guerre n'a rien à gagner avec lui; au contraire, il énerve et déprime le moral de la
masse de la nation qui juge et voit l'incohé-

rence. La prévoyance doit régner largement dans les choses de la guerre comme dans tout ce qui est œuvre de commandement.

Avec l'esprit de guerre se développe la foi dans l'avenir. Le peuple qui en est imbu est assuré de vaincre quoi qu'il arrive. Les événements peuvent subir les fluctuations du sort, tantôt heureux, tantôt malheureux; l'âme du pays ne se laisse jamais ébranler dans sa croyance fanatique au succès définitif. Et c'est avec cet esprit-là que se font les nations victorieuses.

Ch. K.

PRÉLIMINAIRES GÉNÉRAUX

La bataille de la Marne, véritable rétablissement stratégique français, arrête net l'offensive allemande. Attaqué vigoureusement et en forces sur sa droite, refoulé, débordé, le front général allemand se replie à 80 kilomètres plus au nord.

Une nouvelle phase de la lutte va s'ouvrir : la bataille de l'Aisne. Dès ses débuts, celle-ci permet de se rendre compte que la victoire de la Marne, si décisive et glorieuse soit-elle, n'est pas de nature à provoquer le désarroi et la rupture des forces ennemies. Celles-ci, ressaisies et solidement retranchées, font face résolument à l'adversaire. Mais une nuance existe déjà, remarquable, d'autant plus sensible qu'elle est en antithèse avec la psychologie générale allemande : ce n'est plus la marche offensive et triomphale où les étendues sont conquises presque sans effort, mais une défensive inattendue, imprévue, *imposée* par un retour de fortune et *la volonté de l'adversaire.*

La contre-offensive allemande s'exerce

d'abord sur le front; des résultats à peu près nuls sont obtenus, simples fluctuations locales incapables d'apporter une décision générale. Chaque adversaire se cramponne au terrain avec une énergie tenace, commence à remuer fiévreusement la terre : c'est la période transitoire entre la lutte en rase campagne et ce qui s'appellera la « guerre de tranchées ». La bataille de la Marne a exigé, d'autre part, une consommation de munitions d'artillerie inconnue jusqu'à ce jour; les réapprovisionnements, qui tâtonnent encore un peu, n'ont pu faire face à la dépense imprévue et considérable. Tout cela fait que les chances s'équilibrent peu à peu sur la bataille frontale. Il faut chercher la décision ailleurs.

Les Allemands, au moins au début de cette guerre, ont été avant tout des classiques. Ils ont approfondi des méthodes apprises; ils les ont poussées, avec hardiesse parfois, jusqu'aux dernières limites scientifiques; mais si leurs conducteurs ont, à différentes reprises, montré de l'énergie, de l'audace brutale, du talent même, on ne trouve pas chez eux le génie véritable, inventif et non perfectionneur, créateur de « nouveau ».

Fidèles aux traditions classiques, dès que les Allemands sentent que l'ennemi a pris solidement position sur le front, ils tentent l'attaque de flanc, la prise à revers. Cette manœuvre est d'ailleurs facilitée par la forme nouvelle de la guerre. Les armées n'ont déjà plus la mobilité de la rase campagne, comme à la Marne; la cristallisation au sol, qui deviendra complète pour de si longs mois plus tard, se fait déjà sentir. Donc possibilité pour les talents méthodiques et lents, qui sont la caractéristique de la conduite de cette guerre à défaut de génie illuminé, de réfléchir, de coordonner, de préparer, de masser. En outre, la bataille affecte une forme presque linéaire, vaste cordeau étiré sur des centaines de kilomètres, brisé, avec des saillants et des retraits très prononcés. L'idée devient toute simple de broyer un angle, puis prendre à dos un front rigide, en quelque sorte figé au sol.

C'est là le but de la manœuvre tentée par l'attaque des Hauts de Meuse, dans la région de Saint-Mihiel. L'épisode s'ouvre le 21 septembre 1914, sous la protection d'un bombardement formidable d'artillerie lourde, par la prise de Vigneulles-les-Hattonchâtel et de

Creuë au pied de la falaise. Le 25, le fort du Camp des Romains est pris, et une forte avant-garde franchit la Meuse à Saint-Mihiel et occupe les faubourgs de la rive gauche. Mais la riposte énergique de l'armée française de Lorraine, débouchant de Nancy et de Toul et agissant elle-même en flanc de l'armée allemande, arrête net les progrès de celle-ci vers l'ouest. La manœuvre cherchée échoue, et les positions redeviennent rigides de part et d'autre de la Meuse (3 octobre 1914).

Cependant, les Français enthousiasmés par la victoire de la Marne, vont sans retard mettre en œuvre toutes les ressources de l'art pour surmonter les premières difficultés au parachèvement du succès rencontrées sur l'Aisne. Le coefficient de plus en plus considérable que prend la fortification de campagne, la puissance presque invincible de l'armement, la prépondérance toujours plus accentuée de l'artillerie dans la lutte tendent à rendre à peu près illusoire la rupture directe des fronts. Sur l'Aisne, le terrain fait davantage ventouse sur les troupes, mais, à part cette variante, les conditions générales de la bataille sont sensiblement les mêmes que sur la Marne.

La première pensée qui doit donc venir au
général en chef français est de rééditer la
manœuvre qui lui a si bien réussi une première fois : une pression sur tout le front
accompagnée d'une vigoureuse attaque de
flanc. Mais l'exécution est, cette fois, plus
délicate. Le premier coup d'œil sur la carte
fait ressortir l'absence d'un *pivot de bataille*
capable de remplir le rôle tenu par le camp
retranché de Paris. D'autre part, la bataille de
la Marne et celle de l'Aisne se sont solidement
appuyées aux digues défensives de l'Est :
région de Verdun, de Toul, Couronné de
Nancy. Le terrain, au nord de l'Oise moyenne,
offre moins de facilités pour appuyer le flanc
à une barrière inexpugnable. Or, ce facteur
de la stabilité du flanc, du pivot, est essentiel
pour la réussite de toute manœuvre. Toutefois, le généralissime connaît les tendances
enveloppantes de la doctrine de guerre allemande, et il sait que l'ennemi, en classique
entêté, réagira de toute son énergie pour exé-
cuter la méthode de l'enveloppement par
l'aile. Les préoccupations du grand quartier
général français sont donc orientées pour
parer à cette éventualité. Et c'est ainsi que, peu
à peu, on assiste, chez les deux adversaires,

à une filtration de plus en plus rapide des forces du front de l'Aisne au profit du flanc ouest. A partir de ce moment commence ce que l'on a appelé la « course à la mer », et l'activité de la bataille de l'Aisne meurt d'épuisement à la suite de cette hémorragie des troupes vers l'aile.

Du 25 septembre au 12 octobre se déroule la bataille de la Somme, caractérisée par les efforts que font les deux adversaires pour se déborder mutuellement. Efforts vains, d'ailleurs. Pour comprendre la vanité des résultats, il faut résumer la succession des faits car, à la guerre, tout s'enchaîne rigoureusement.

L'Aisne, avons-nous vu, c'est le second grappin jeté sur l'armée allemande qui s'était dérobée après le choc de la Marne. Du 13 au 16 septembre, le commandement français procède par attaques frontales qui sondent la force restante de l'ennemi. Rapidement, il est reconnu que l'ennemi s'est ressaisi, qu'il a demandé au terrain un surcroît de résistance et que non seulement il est en mesure de contre-attaquer vigoureusement dans la région de Saint-Mihiel, mais encore de préparer une manœuvre enveloppante au nord de Compiègne. Jusqu'au 22 septembre, la ligne de bataille s'étire pas à pas vers le nord. De nouvelles réserves sont constamment retirées du front de la lutte et glissées vers l'aile, mais contenues au fur et à mesure par une manœuvre parallèle allemande. Du 23 au 25 septembre, il y a, du côté français, ralentissement et même suspension dans les opérations; non pas que l'on renonce au mouvement précité, mais la limite des réserves disponibles a été atteinte sous peine de compromettre la solidité du front de l'Aisne. Il faut faire appel aux disponibilités de l'arrière, créer hâtivement une nouvelle armée de quatre divisions territoriales et d'un corps de cavalerie. Pendant ce temps l'ennemi, comme s'il soupçonnait les embarras du commandement français, agit vigoureusement. A la pression classique sur l'ensemble du front, il joint une énergique poussée à son aile droite, dans la région Lassigny–Roye–Péronne. L'armée de réserve nouvellement formée, dirigée des environs de Paris dans la région d'Amiens et poussée vers la haute Somme, reçoit le choc en avant de cette rivière. Elle agit suivant une tactique identique à la manœuvre de l'Aisne. Un front

(minimum de troupes) est aussitôt établi (1);
et tous les éléments disponibles, augmentés
d'un nouveau prélèvement du front de l'Aisne
qui, décidément, devient secondaire, franchissent la Somme et gagnent vers le nord
dans l'espoir de rencontrer l'aile libre. Le
corps de cavalerie, qui agit sur la gauche,
pousse jusqu'à la Scarpe. Malheureusement,
si la manœuvre a été habilement conçue, elle
a été d'une exécution difficile et lente, par
pénurie de moyens matériels suffisants dès le
début. C'est une démonstration de plus qu'à la
guerre le talent reste impuissant s'il n'est pas
doublé d'un esprit d'organisation prévoyant.
Rien ne réussit, à la guerre, s'il n'a été longuement médité et minutieusement préparé.
Très vite l'état-major allemand a démasqué
les intentions françaises. Il le fait d'autant
mieux que, depuis longtemps, son attention
est attirée sur son aile droite. C'est dans cette
direction que, dans son esprit, doit se déclencher la manœuvre décisive d'enveloppement
du front français. Il dispose — car chez lui
l'organisation est prévoyante et méthodique —

---

(1) Les territoriaux, à cette occasion, firent preuve d'une
ténacité et d'un courage dont on ne saurait assez faire
l'éloge.

d'une masse de troupes qu'il jette sans hésitation en avant pour accrocher et enrayer le glissement français. Déjà, il joue en maître des chemins de fer, des transports automobiles pour raréfier la densité dans les zones secondaires au profit des secteurs décisifs et en particulier de sa droite. Le temps absorbé, du côté français, à mettre au point l'armée de la Somme, lui facilite beaucoup cette tâche. Indépendamment des efforts répétés pour briser la tentative française d'enveloppement et lui substituer la sienne, le commandement allemand essaie, avec beaucoup d'à-propos il faut le reconnaître, de rééditer, à un siècle d'intervalle, la manœuvre de Ligny. Les forces principales françaises présentent deux masses, inégales : le groupement d'armées de l'Aisne et l'armée de la Somme. Le point de soudure s'établit dans la région de Roye. C'est là, évidemment, que se trouve le point faible français. Que la soudure craque, le front français est disloqué, les deux masses refoulées à droite et à gauche par le flot allemand. Puis c'est la manœuvre classique : contenir une masse pendant que l'on écrase l'autre. C'est là, évidemment, le but des furieux assauts allemands, renouvelés plusieurs jours et plusieurs nuits, avec un appui formidable d'artillerie et qui eurent pour théâtre la région de Roye-Lassigny.

Ces opérations occupent fin septembre et les premiers jours d'octobre 1914. Vains efforts. Aucun des deux adversaires n'atteint son objectif. A part certaines fluctuations locales qui n'ont aucun caractère décisif, les forces en présence se neutralisent mutuellement. Le succès, à la guerre, à part l'écrasement brutal numérique, repose avant tout sur *la surprise* sous toutes ses formes. Ici, chaque adversaire voit trop clair dans le jeu de l'autre. On joue cartes sur table, et chaque partenaire a des atouts formidables dont il sait se servir. Le match est nul; personne n'est *knock-out*.

Un fait remarquable se produit alors qui prouve qu'une certaine unité de doctrine mondiale existait à travers les peuples sur la conduite des opérations. Des deux côtés, le commandement jette avec la hâte du « va-tout » l'ultime carte. Il n'y a plus qu'un petit espace de terre libre vers Lille et la Belgique occidentale. L'infanterie est trop lente. Pour arriver premier et passer, chaque adversaire fait appel à sa cavalerie. Des masses énormes, rappelant les temps de Seydlitz et de Murat, sont rassemblées et engouffrées. Chacun espère que sa cavalerie passera, se prolongera derrière les fronts inébranlables, interceptera les communications et menacera les derrières. Cela encore, c'est du beau classique. D'héroïques combats de cavalerie ont lieu; les charges se multiplient, mais la solution n'aboutit pour aucun belligérant dans le sens espéré. De formidables masses, comme celles qui sont en présence, ne se détruisent pas en quelques combats, surtout quand elles sont, comme c'est le cas, appuyées d'artillerie. Les colonnes d'infanterie — l'arme qui s'accroche au terrain comme la glu — ne tardent pas à paraître. Et petit à petit les fronts rigides gagnent la mer. C'est la faillite du classique sous la force du nombre et de l'armement terrible; le triomphe, la revanche de l'ordre linéaire sur l'ordre profond, au moins en stratégie.

En résumé, de toute cette série d'opérations, qui embrasse septembre et la première quinzaine d'octobre 1914, si l'on pose la question : Echec? Succès? Pour qui? il est très malaisé de répondre. Le fait certain est que chaque belligérant a tenté d'une manière suivie la manœuvre enveloppante. Aucun n'a réussi. Les forces, pour les raisons qui viennent d'être exposées, se sont vite neutralisées. Tout au plus peut-on observer, à la suite de l'examen de la carte, que le dispositif allemand était plus favorablement placé pour réussir. Il disposait, pour les transports de troupes, de la ligne intérieure, par suite la plus courte. C'est là un avantage considérable en stratégie. Il a donc fallu que l'adversaire, *le Français*, rétablisse une situation initiale inégale à force d'énergie, de ténacité, d'esprit de sacrifice et de bravoure.

Les Opérations Franco-Britanniques

dans les Flandres

CHAPITRE Ier

La bataille de l'Yser.

Dans la série d'opérations qui va suivre, il faut tout d'abord faire ressortir que l'initiative des événements appartient aux Allemands. C'est un fait important dans la stratégie militaire (1). Un deuxième fait remarquable c'est que, pas plus que le reste, le service des renseignements ne s'improvise à la guerre. Ce service est cependant capital. La vue est évidemment le principal organe d'action. Sans renseignements, une armée est aveugle; elle ne sait jamais prendre *à temps* les dispositions qu'il convient. *Le service des renseignements doit être minutieusement préparé et développé dans la plus large mesure possible.*

Pendant la période de préparation allemande de l'offensive de l'Yser, il ne filtre,

_____

(1) Car il existe aussi une stratégie des approvisionnements que l'on ne connaît pas assez.

vers le commandement français, que de très vagues indications, incapables de l'éclairer suffisamment. La source des rares dépêches recueillies est surtout privée. Il est question en gros d'une nouvelle armée allemande en formation dans la région de Gand et à laquelle se joindraient les troupes rendues disponibles par la chute d'Anvers. Le fait matériel est à peine connu ; l'intention de l'état-major allemand est complètement ignorée. Et pourtant, un événement s'est produit, le 6 octobre, qui aurait dû être deviné gros de conséquences. La presque totalité de la cavalerie allemande a fait irruption au nord-ouest de Lille, poussant des pointes jusque dans la région Armentières-Hazebrouck. Mais elle se heurte aux masses de la cavalerie adverse qui avaient tenté le précédent mouvement enveloppant et qui, maintenant, achèvent de couvrir le glissement des fronts à la mer. Les belles charges d'autrefois, où les escadrons semblent fondre et renaître aussitôt, se renouvellent plusieurs jours dans la grande plaine de la Lys. La cavalerie française se montre extrêmement brillante en ardeur et courage ; on retrouve, dans tous ces engagements, le souffle irrésistible des ruées de

Murat. On peut dire que cette cavalerie, qui s'est trouvée dépaysée, dans la suite de la guerre, au point qu'on a pu la considérer comme un accessoire dont on n'a pas l'emploi, a légué, sur les bords de la Lys, aux cavaliers futurs, un héritage plein de gloire. Les escadrons allemands, inférieurs en mordant, sont malmenés, et, fait important que Murat, dressé par l'Empereur, eût certainement souligné, laissent reconnaître derrière eux la présence de puissantes avant-gardes, évidemment têtes de colonnes ennemies. La cavalerie française, qui a bousculé les escadrons adverses, s'émousse à son tour quand elle prend le contact d'épaisses colonnes d'infanterie. La tête de celles-ci est légèrement refoulée vers le nord-est, et les choses en restent provisoirement là.

Quelques jours après, les deux infanteries resserrent le contact et croisent le fer; d'où, une série d'engagements secondaires plus ou moins importants : combats dans la région de Cassel-Messines, prise de Lille par un corps allemand (12 octobre) et enfin arrivée des troupes franco-britanniques à hauteur d'Ypres, où rejoint la majeure partie de l'armée belge. Chose étonnante, malgré le frottement journalier des infanteries, les papiers trouvés sur les morts, les interrogatoires des blessés et prisonniers, les indices recueillis parmi la population civile, les rapports des aviateurs, le mystère plane toujours, du côté français, sur les intentions allemandes. Les renseignements se bornent à savoir :

1° Que des forces importantes ennemies occupent Lille et tiennent tête aux troupes franco-britanniques qui s'échelonnent sur la ligne La Bassée-Bailleul;

2° Que la gauche de nos troupes a pu pousser jusqu'à Ypres;

3° Que l'armée belge, vaincue à Anvers et talonnée par l'ennemi, afflue entre Ypres et la mer;

4° Que des dépêches privées signalent de gros rassemblements ennemis vers Bruges-Gand-Anvers.

Au moment où l'Allemagne prépare dans le plus grand style une nouvelle tentative de sa manœuvre favorite d'enveloppement, — tentative qui sera d'une violence inouïe, car la carte montre clairement que la dernière chance est en jeu, — l'état-major français, trop peu renseigné, au lieu de rassembler ses forces et bander ses muscles pour réagir de toute sa vigueur contre l'avalanche, monte à son tour et à ce moment précis une opération *secondaire* : le dégagement de Lille par une attaque débordante sur le front Dixmude-Ypres, ce qui risque de le mettre en état d'infériorité dans l'opération *principale*.

Cette opération principale se traduit par l'effort gigantesque (kolossal) de l'ennemi pour reprendre, et réussir cette fois par des moyens considérablement amplifiés, la rupture de l'adversaire par manœuvre enveloppante. Les troupes chargées de la manœuvre proprement dite n'agiront plus, comme sur l'Aisne, en vue du champ de bataille. Il est trop facile à l'adversaire, rapidement prévenu, de parer à la menace par un simple crochet ou des mouvements d'aile de quelques kilomètres. La manœuvre de l'Yser reporte radicalement le nœud vital de la lutte sur un théâtre neuf : les Flandres. Il s'agit d'accumuler là une masse d'écrasement (infanterie et artillerie) assez forte pour broyer les éléments opposés et arriver derrière le flanc ennemi avant l'engagement efficace des réserves de contre-attaque accourues de fort loin. Puis, quand le tank humain aura produit son effort comme un boulet crevant le point faible de la cuirasse, la cavalerie, élément de trouble et de destruction, s'égaillera à nouveau et la marche triomphale reprendra. *Nach Paris*, cette fois. Mais il faut souligner — car la remarque est tout à l'honneur des armes françaises — que la nouvelle entreprise allemande, si audacieuse qu'elle soit, est d'une exécution infiniment plus délicate que les plans antérieurs. Coup sur coup, par bonds successifs, l'axe de la lutte, avec Verdun et la Meuse comme charnière, s'est éloigné de Paris (but politique) et rapproché de la frontière (recul stratégique). La Marne est l'apogée de l'invasion. Le premier reflux descendant s'arrête sur la ligne Verdun-l'Aisne et cède une bande de terrain de 80 kilomètres. Le nouvel axe qui s'étend des Vosges à Lille éloigne à 200 kilomètres du cœur de la France le nœud décisif de la lutte.

Au moment où, la préparation organique terminée, la manœuvre va se démasquer et embraser les Flandres, les communiqués signalent une recrudescence violente de l'activité sur le front Lassigny-Roye. Ce n'est là, évidemment, qu'une feinte à grande échelle destinée à détourner du théâtre principal l'attention de l'adversaire. Les Allemands savent

comme tout le monde que le grand atout de
réussite, à la guerre, est la surprise. Ils se
rendent compte que le peu de résultats des
dernières manœuvres est surtout dû au fait
que chaque adversaire voyait trop clair dans
le jeu de l'autre. L'esprit méthodique est un
caractère commun aux Germains. Il est donc
tout naturel, qu'avant d'entamer la suprême
opération, ils aient cherché à aveugler l'ennemi. Le point où ils ont tenté de lui jeter de la
poudre aux yeux est très judicieusement choisi. Lassigny constitue le sommet de l'angle
droit du dispositif français. C'est donc un dangereux point de rupture. De plus, c'est à Lassigny-Noyon que la distance de Paris au front
est la plus courte. Or l'opinion, en France, est
encore sous le coup du danger couru par la
capitale. Cette feinte, cependant, ne réussit pas
à détourner du nord l'attention des Alliés.
Ceux-ci sont préoccupés de la reprise de Lille ;
d'autre part, les événements d'Anvers leur
font un devoir de recueillir l'armée belge et
d'arrêter sa retraite sous la poussée de l'ennemi. Pour réussir ce double but les Alliés
décident :

1º D'arrêter l'armée belge sur la ligne de
l'Yser facilement défendable ;

2º De tenter une opération débordante par le nord-ouest de Lille ;

3º De réunir, dans ce dernier but, des forces importantes dans la région d'Hazebrouck.

En attendant, ils confient le soin de barrer la route de Paris par Lassigny-Noyon, à trois corps d'élite et aux admirables troupes d'Afrique, endurcies à la guerre par un tempérament et une vie spéciale et plusieurs années de campagne au Maroc.

Le choix d'Hazebrouck comme zone de rassemblement de la masse principale, voulu ou non en prévision des prochaines opérations, est très judicieux. Les avantages sont les suivants :

1º En cas de succès de l'offensive allemande :

a) Les communications avec Arras et la ligne générale du front ne sont pas coupées. Le nouveau front Arras-la mer s'articule à volonté avec Arras comme charnière ;

b) La ligne de la Lys est gardée et constitue une excellente base pour passer à la contre-attaque ;

c) Celle-ci dispose de deux directions perpendiculaires pour s'exercer : face à la mer ou sur l'une ou l'autre rive de la Lys vers Courtrai ;

d) Quelle que soit la direction de contre-attaque choisie, l'irruption ennemie est prise de flanc entre la mer et la ligne de communications par où afflueront renforts et réapprovisionnements.

2° En cas d'insuccès de l'ennemi, la riposte se fait immédiate, énergique et victorieuse vers Courtrai et Roulers : les forces vaincues de l'ennemi courent grand risque d'être prises en un coup de filet entre la mer et cette contre-offensive parallèle.

Telle est la situation générale des armées au moment où la bataille de l'Yser ouvre, le 20 octobre, la série des grandioses batailles modernes.

La bataille bat son plein du 20 au 27 octobre et chaque jour amène des péripéties passionnantes. Les Belges, à l'aile gauche, derrière le canal de l'Yser (heureusement), subissent et encaissent avec un sang-froid admirable le premier choc parti d'Ostende. Ils tiennent bon. Mais, comme une marée montante, les attaques se renouvellent sans répit, et leur violence (infanterie, artillerie) va toujours *crescendo*. Avec l'ampleur des attaques, le terrain d'action s'élargit : il gagne rapidement tout le front Lille-Nieuport par Ypres et Dixmude. Le 24, les Allemands forcent le canal dans le secteur belge et, le 25, ils s'emparent de cette ligne d'eau, très importante, entre Dixmude et Nieuport. Nous gardons toutefois ces deux villes (1), avantage considérable en tant que têtes de pont plus tard. Sur le reste du front d'attaque, pendant ce temps, ne se produisent que des fluctuations locales sans caractère décisif. En somme, dès le 26, le commandement français respire ; l'alerte a été chaude ; elle est encore dangereuse, mais elle ne sera pas de conséquences irrémédiables pour les Alliés. En effet, le seul secteur où l'attaque peut marquer un avantage notable est le secteur occidental. Or le terrain, dans cette région, est particulièrement défavorable à la progression tactique. Si l'on ne connaissait l'entêtement des Allemands à mener coûte que coûte la guerre selon des procédés classiques et quelque peu surannés, on pourrait s'étonner de les voir choisir une telle zone d'attaque. Après l'obstacle, qui les a retenus

---

(1) Dixmude est sauvée par l'héroïsme et le sacrifice de la brigade des fusiliers marins ; Nieuport, par l'intervention d'une escadre britannique.

cinq jours, de l'Yser et de son large canal, les ennemis trouvent devant eux la profonde région marécageuse de Bourbourg et de Watten, semée de canaux. N'oublions pas qu'à la rigueur, toute cette étendue de pays peut être dans l'espace de quelques jours inondée et rendue totalement impraticable. Sur quelle base alors s'appuyer pour exercer la pression nécessaire au refoulement successif des différents fronts pivotant autour de la charnière, à l'abri des lignes d'obstacles, comme les rais d'une roue autour du moyeu ?

Le communiqué du 28 signale que « les attaques allemandes, dans toutes les régions entre Nieuport-Arras, ont été beaucoup moins violentes ». L'ennemi commence à être à bout de souffle. Le 30, les inondations prévues sur le front belge sont tendues, et l'adversaire repasse précipitamment l'Yser sous le feu des artilleries belge et française. La violence de l'offensive allemande entre visiblement dans la phase décroissante.

C'est alors (2 novembre) que la lutte reprend un regain d'intérêt, par suite d'un renversement allemand de tactique. Sous la pression des circonstances et surtout des éléments, on voit, pour la première fois, une dérogation timide à la vieille méthode classique. Le 1er novembre 1914 marque un tournant dans l'histoire de la guerre, car c'est à cette date que se trouve réalisé le déploiement linéaire des fronts de la Suisse à la mer. Pour la première fois, la lutte va présenter la physionomie d'une attaque directe des fronts : ce sera la tentative de brèche dans l'épaisseur de la muraille. Fidèles toujours aux traditions, les Allemands font choix d'un saillant important, celui d'Ypres, hors de la zone des côtes qui peut être submergée. Ils montent sur ce saillant une attaque concentrique à gros effectifs. A l'est et à l'ouest de ce secteur d'attaque, entre Dixmude et Lille, ils immobilisent les fronts, retiennent l'attention et fixent les réserves par de puissants engagements frontaux. Si on tient le succès, comme l'ennemi en est convaincu (et c'est là le secret de sa force), la ligne de l'Yser est tournée, les défenses de la Lys tombent et les communications alliées vers Arras sont directement menacées. Sans valoir les résultats foudroyants et décisifs escomptés de la fameuse manœuvre enveloppante, le lot d'avantages est très satisfaisant. Malheureusement, les choses ont traîné depuis le début de la bataille de l'Yser; il a fallu, après s'être démasqué, changer son fusil d'épaule. L'effet de surprise, si capital pour la réussite, n'existe plus. Les Alliés comprennent le danger des Flandres, dégarnissent le front de l'Yser devenu secondaire et amènent d'importantes réserves. A vrai dire, cette dernière opération n'échappe pas à l'état-major allemand; pour l'enrayer, il ordonne (mais inutilement, l'adversaire sait maintenant à quoi s'en tenir) une série d'offensives partielles sur les fronts de la Somme et de l'Aisne. La bataille se développe, très violente, jusqu'au 15 novembre, mais avec de courtes accalmies pour souffler et reconstituer de part et d'autre les groupements. L'événement marquant de cette lutte linéaire est la perte de Dixmude par les Alliés (10 novembre). L'ennemi possède une tête de pont sur l'Yser. Mais ce succès arrive trop tard, au déclin de la bataille; les Alliés sont suffisamment parés pour s'opposer à l'exploitation sur la rive gauche de cet avantage.

Il ne faut pas omettre de mentionner que la rupture directe du front est une opération très délicate en toutes circonstances, mais surtout à cette période de la guerre. Les troupes se sont déjà familiarisées avec le remue-

ment du sol et la guerre de tranchées. La
fortification de champ de bataille (une révé-
lation pour beaucoup) est venue apporter son
appoint si précieux et donner à l'adhérence
des troupes au sol la force d'une ventouse. La
préparation d'artillerie, seule capable d'atteindre les troupes qui sont entrées désor-
mais dans la terre (boyaux, tranchées, parapets, abris) est encore embryonnaire. L'emploi de l'artillerie, uniquement orienté vers
la guerre de mouvement, est en réalité à
créer entièrement. Les tirs de préparation et
contre-préparation offensive, de destruction
et de bombardement, les tirs de barrage, les
tirs éventuels (harcèlement) sont encore à
inventer ; il n'est pas question d'artillerie de
tranchée ; la précision du tir, si nécessaire,
n'existe pas ; la majeure partie de l'artillerie
est de l'artillerie de campagne impuissante
contre l'obstacle (77, 88, 105); les liaisons,
surtout aériennes, ne sont pas suffisamment
développées ni au point : d'où retards, erreurs. Tout cela explique aussi le peu de
résultats obtenus par une offensive pourtant
menée avec de grands moyens, un allant et
un esprit de sacrifice remarquables, ce dont il
faut faire justice même à l'ennemi.

CHAPITRE II

Les grands engagements sur le front français au début de 1915.

Les opérations militaires sont intimement liées les unes aux autres comme les chapitres d'un livre. Faire des coupures dans la suite des événements, c'est prendre un secteur de rivière et vouloir en déduire le régime des eaux sans remonter à la source. La tactique, qui naît d'une nécessité du moment, peut prendre un épisode local et l'étudier à fond sans le rattacher à ce qui précède; mais la stratégie se rapporte à un ensemble dont toutes les phases sont solidaires. Supprimer quelques moellons risque de compromettre l'harmonie et d'amener une confusion où l'esprit se fausse. C'est pour cela qu'il a paru nécessaire d'exposer, au moins succinctement, les opérations intermédiaires qui se sont déroulées sur le front français.

Le premier hiver de guerre est, de part et d'autre, une phase d'accalmie relative sur le front d'Occident. Les Alliés, dont la principale faiblesse a été de préparer la guerre en pleines hostilités, surpris par la prodigalité inouïe de consommation de munitions, surtout d'artillerie, ont besoin de plusieurs mois pour se procurer la gigantesque et nécessaire dotation en armement et munitions. La fameuse proclamation du grand quartier général, du 17 décembre 1914, sert à couvrir ce transport d'activité du front vers les usines. Quant aux ennemis, ils viennent de fournir, depuis quatre mois, un effort immense et continu, presque surhumain, dont les résultats, qui s'appellent la Marne, l'Aisne, la Somme, les Flandres, sont assez maigres. Toutes les combinaisons classiques ont été épuisées. Il y a lieu de souffler et de chercher autre chose. En attendant mieux sur le front d'Occident, l'énergie allemande se rue sur le front russe et entreprend la libération de la Galicie et la conquête de la Pologne. L'étoile d'Hindenburg a surgi; elle monte graduellement sur l'horizon militaire et son éclat brille de plus en plus. Enfin, la Turquie vient de se déclarer en faveur des Impériaux et elle contribue à tourner vers l'Orient l'attention allemande.

Il y a lieu de n'accorder qu'une simple mention à l'épisode de Soissons (janvier 1915). C'est une affaire locale qui relève de la tactique. Toutefois, elle est à signaler, car deux enseignements s'en dégagent :

1° Soissons n'est autre chose qu'une tête de pont sur l'Aisne. Les lignes s'étendent, au début de janvier 1915, concentriquement à Soissons, à cinq kilomètres environ au nord

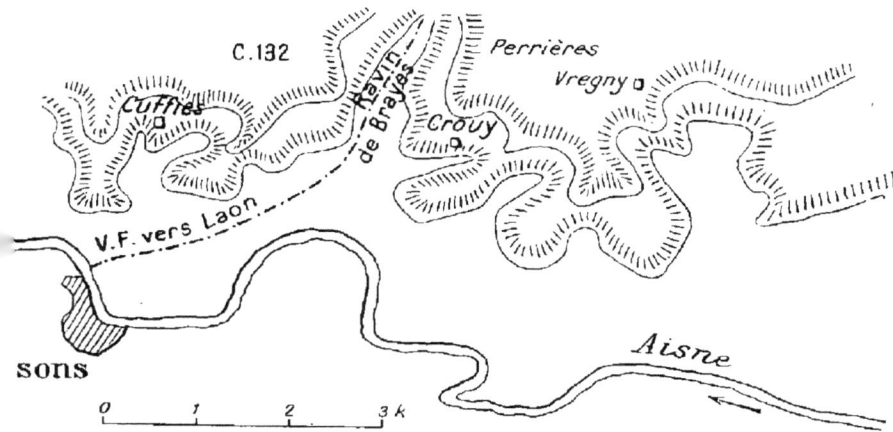

Fig. 4.

de l'Aisne (grosse rivière, surtout en cette saison) et à l'est et à l'ouest de la voie ferrée Soissons-Laon qui emprunte la vallée de Brayes. L'ennemi tient la majeure partie de cette voie ferrée, gros avantage. La ligne frontière coupe l'éperon 132 au nord de Cuffies, traverse le vallon de Brayes, et barre, au nord de Crouy, le plateau de Perrière à Vregny.

L'action commence, le 8, par une offensive française. Les 9, 10 et 11, cette offensive se poursuit avec succès et réussit à atteindre la troisième ligne allemande; tout l'éperon 132 est conquis. Mais le 12, les Allemands, qui ont utilisé les voies ferrées pour amener des renforts considérables, exécutent, après une puissante préparation d'artillerie, et sous les yeux de l'empereur venu pour la circonstance, une très violente contre-attaque dans le grand style. Les Français, qui n'avaient monté qu'une opération secondaire, surpris par cette riposte de premier ordre, fléchissent et cèdent du terrain. Pour comble de mauvaise fortune, dit le communiqué, une crue subite de l'Aisne emporte la plupart des ponts et passerelles de fortune; les communications sont rendues précaires. Or, une opération de guerre qui est mal alimentée est vouée à un échec. Sous la pression de l'ennemi, qui s'est assuré une supériorité incontestable de moyens (matériel et troupes), le succès français du début se termine en retraite. Non seulement le terrain conquis est perdu, mais la rive droite de l'Aisne est évacuée. L'enseignement à tirer de cette mésaventure, d'effet purement local d'ailleurs, est

qu'il ne faut pas entamer d'offensive *secondaire isolée*, c'est-à-dire à moyens limités, sur
la base d'une tête de pont. L'ennemi, qui n'est
pas fixé par ailleurs, conserve la liberté de
ses mouvements et peut amener, comme à
Soissons, une véritable armée à la rescousse.
Les troupes assaillantes, déjà éprouvées et
désunies par les péripéties de la lutte, sont
obligées 'de combattre en infériorité contre
des troupes fraîches, bien homogènes et avec
une rivière à dos. Les ravitaillements et éva-
cuations se font mal et lentement. Toutes circonstances défavorables et qui prédisposent
à l'insuccès et même à la perte totale de la
tête de pont. L'action partant d'une tête de
pont doit toujours être le corollaire d'une
grosse opération qui entrave la liberté de
manœuvre de l'ennemi.

2º Durant l'hiver 1914-1915, il y a eu, pour
les raisons exposées, léthargie de stratégie
sur le front d'Occident. Il en est résulté —
le grand quartier général ayant momentané-
ment passé la main à ses sous-ordres (jusqu'aux colonels et brigadiers) — une infinité
d'attaques isolées, d'importance plus ou
moins grande, mais sans aucun lien entre
elles. De ce décousu, il n'est sorti aucune

amélioration de situation. Chacun combattait pour son propre compte, comme si son secteur seul était en état de guerre. Pas d'action combinée, pas de mutuel appui; la lutte rudimentaire droit devant soi avec ses propres ressources. D'où, une « casse » trop souvent meurtrière. *Ces pratiques sont à condamner absolument.* Elles ne peuvent mener, comme à Soissons, qu'à de regrettables méprises. Il faut que la guerre soit uniquement actionnée par le commandement suprême suivant un *plan d'ensemble* constamment tenu à jour; toutes les énergies, toutes les ressources doivent être exclusivement dépensées à la réalisation de ce plan.

L'économie des forces, dans la guerre moderne, repose sur deux principes :

A) *Aucune opération de guerre ne doit être poussée que si elle est justifiée sur le plan d'ensemble;*

B) *Aucun travail de tranchée ne doit être entrepris s'il ne trouve sa justification sur le plan général, ni être exécuté sans plan particulier.*

Hors ces deux règles, qui ne souffrent pas d'exceptions, ce n'est que gâchis et désordre qui n'aboutissent qu'aux mécomptes et au chaos.

En opposition à l'offensive malencontreuse de Soissons, se place l'opération Perthes-les-Hurlus-Massiges (décembre 1914) sur le front de Champagne. L'attaque de Soissons était dangereuse (l'expérience l'a prouvé) et inutile car, même réussie, elle ne pouvait modi-

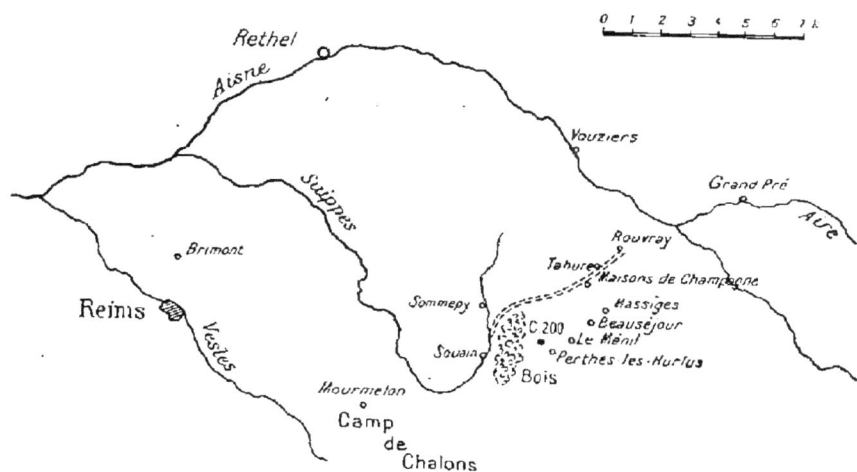

FIG. 5.

fier la situation générale. D'une part, les effectifs engagés (valeur de trois divisions) étaient trop faibles et, de l'autre, l'action ne se rattachait à aucune idée d'ensemble. Elle n'améliorait pas davantage la situation locale, car une tête de pont qui dispose d'un débouché de 5 kilomètres est très acceptable.

L'offensive de détail Perthes-les-Hurlus-Massiges se justifie par ce qu'elle fait partie du plan d'ensemble. Le grand quartier général projette pour la fin de l'hiver (quand les troupes seront pourvues des moyens matériels suffisants) une importante offensive en Champagne. Or, les opérations sont maintenant conduites sur les principes, non plus de la guerre de mouvement, mais de la guerre de siège. Il convient donc de placer les troupes, en vue de cette offensive, dans la situation *de départ* la plus favorable. C'est le but de l'opération préparatoire Perthes-Massiges et de plusieurs autres du même genre. Dans le cas particulier, nos troupes s'emparent du plateau 200 (ouest de Perthes), du petit bois qui le couronne et de positions meilleures sur une profondeur de 1 à 2 kilomètres. C'est quelque chose, à une échelle infiniment plus vaste, comme les précautions prises les veilles d'assaut : établissement de la parallèle de départ, coups de main sur les postes d'écoute ennemis, etc...

En janvier, dans les mêmes secteurs, la réaction inévitable de l'ennemi se produit. Mais — et c'est ici que se fait sentir l'avantage du plan d'ensemble — le commandement

général intervient et les positions nouvellement acquises sont non seulement gardées,
mais encore améliorées. Le 16 février, l'attaque — on ne peut dire la manœuvre — se
déclenche sur un front de 7 kilomètres entre
nord-ouest de Perthes et nord de Beauséjour.
C'est la première manifestation française
entreprise avec l'intention bien décidée de
percer le front ennemi et d'exploiter le succès
(la présence de grandes masses de cavalerie
en est une preuve) pour déraciner l'adversaire
de sa méthode de guerre défensive. On subit
à contre-cœur la guerre de tranchées; on
n'est pas encore acclimaté à elle. Les esprits
sont encore imbus des principes ultra-offen-
sifs des règlements d'avant-guerre. On sent
confusément, d'instinct, que le piétinement
des tranchées, l'usure lente et réciproque ne
peuvent amener de solution. Pour brasser
des résultats décisifs et rapides (l'idée de la
guerre longue ne s'est pas encore imposée),
il faut passer à la guerre de mouvements.
Dans le plaidoyer *pro domo* que l'état-major
a cru devoir publier en épilogue de l'affaire,
il est dit que « le but essentiel des opérations
était de fixer le plus grand nombre possible
de forces allemandes, de leur imposer une

grosse consommation de munitions et d'interdire à l'ennemi tout transport de troupes en Russie (1) ». C'est peu vraisemblable. D'abord on n'entame pas d'opérations militaires pour imposer à l'ennemi une grosse consommation de munitions; on a mieux à faire des vies humaines. Puis, si l'idée est juste en théorie, il est impraticable, dans la réalité, de « fixer les forces ennemies » sur le front français, pour permettre la manœuvre sur le front russe à plus de 1.200 kilomètres! Ce n'est pas ainsi qu'il faut comprendre le fameux principe, tellement torturé, si peu appliqué : « unité de front, unité d'action ».

Etant donné la situation des armées, il n'y a que deux moyens de revenir à la guerre de mouvement : la ruée en avant, ou prendre du champ en arrière pour manœuvrer quand l'adversaire suivra. Mais ce dernier procédé est bien délicat et il demande beaucoup de bonne volonté au partenaire. Que le moindre accroc se produise et l'ennemi, au lieu de suivre, poursuit. Le repli devient facilement une déroute (2). Reste le premier parti.

(1) C'était l'époque des opérations de Hindenburg, aux lacs de Mazurie.

(2) Le repli de Noyon (1917), qui est un simple passage d'une position de résistance sur une autre, n'a rien à voir avec la manœuvre envisagée ici.

L'attaque est frontale, linéaire; elle exclut donc la manœuvre proprement dite, sauf, tout au plus, celle de la tactique. Le succès est plutôt demandé au triomphe brutal de la force qu'à l'art des combinaisons. Il en résulte qu'en dehors du moral des troupes (toujours indispensable), la réussite dépend avant tout de deux facteurs :

1° Une préparation d'attaque, surtout en artillerie, intense et minutieuse ;

2° Une accumulation énorme de moyens.

Cette dernière condition est rendue plus impérieuse encore du fait que la préparation, qui ne peut être dissimulée, annihile, dans une certaine mesure, l'effet de surprise. Avec ses moyens de transport rapides et perfectionnés, l'ennemi, *averti*, fait affluer ses troupes de riposte, et l'équilibre peut se rétablir. La réaction opposée est donc d'une violence qui approche celle de l'attaque. Dans cette guerre contre les fronts fortifiés, il ne se produit ni désarroi de l'ennemi ni affolement, corollaire de la désorganisation des forces, du désordre, du manque d'ordres (1), et qui font

(1) Il ne faut pas généraliser l'effet constaté sur les premières lignes ennemies après un assaut. Les troupes laissées ainsi en proie aux coups directs et prévus de l'adversaire sont — le bon sens l'indique — une infime partie des forces qui vont réagir.

que le vainqueur peut se jeter en avant, à corps perdu, impunément, dédaignant les derniers coups d'un adversaire agonisant. Ici, même victorieux, même à la phase finale, il faut toujours être paré à recevoir la contre-attaque dangereuse. Il convient donc d'agir avec méthode et prudence et en particulier *ne jamais dissocier les deux forces inséparables : infanterie, artillerie.* De ces considérations découle une série de principes :

A) *Limiter l'objectif de l'attaque.* La non-observation entraîne la disjonction de l'infanterie et de l'artillerie (1) : d'où, inévitablement, échec. Puis ce serait faire le jeu de l'ennemi. Sa tactique consiste, évidemment, à occuper modérément les premières tranchées qui ont été écrasées et à monter ses contre-attaques sur une grande profondeur. Nos troupes d'assaut, déjà fatiguées par la course, désunies et mélangées par les péripéties du combat, privées de leur artillerie, recevraient l'attaque de troupes fraîches, bien homogènes. La situation serait retournée.

---

(1) Il ne saurait être appelé « artillerie » quelques pièces d'artillerie de campagne, mal approvisionnées, qui auraient réussi, au prix d'efforts inouïs, à accompagner, et de loin, l'infanterie. La guerre moderne exige d'autres moyens d'action.

B) *L'artillerie pilonne le terrain; l'infanterie occupe la limite de la zone battue et conquise par l'artillerie.* L'arme *agissante* de la bataille n'est plus le tirailleur, mais le canon. Et l'axiome se complète en disant : l'outil du succès est constitué par une concentration énorme de *batteries lourdes* et non d'artillerie de campagne. Le canon lourd bombarde systématiquement la zone convoitée, et de telle sorte que les entonnoirs soient jointifs. L'avion vérifie. Quand l'écrasement est au point, le tir se poursuit sur les hausses longues et le bombardement devient un barrage d'obus de gros calibre. Sous la protection de ce barrage, l'infanterie s'installe à la limite de la bande que l'artillerie vient de triturer. La progression se fait par étapes et par bonds successifs suivant des procédés analogues. Progrès lents? Evidemment, tant que l'on agira sur des tranches isolées du front.

C) Les stationnements se font à contre-pente, autant que possible du côté opposé au feu de l'ennemi, à l'exclusion absolue des sommets exposés aux coups directs du canon.

D) Il convient de ne pas faire disparaître complètement de son jeu l'élément *surprise*. Dans ce but, le bombardement initial s'exerce sur un grand front et sur une grande profondeur, laissant planer l'indécision sur le point spécialement visé. Puis, au moyen de concentrations de feux de nombreuses batteries transportant successivement leur tir d'un bout à l'autre du champ de bataille, le bombardement croît en intensité sur le point d'attaque, sans cesser sur les autres points. Lorsque l'assaut est donné, il continue avec la même violence en arrière et sur les flancs de la région attaquée. Dès que le résultat local est obtenu, l'intensité du feu croît sur un autre point du front bombardé : une préparation se complète puis est suivie d'attaque sur le nouveau point. Et ainsi de suite.

E) Pour ne pas être surpris soi-même, il faut se rendre compte de la manière dont l'ennemi réagira. Pour encaisser les « swings » formidables de la bataille moderne, le front rigide ne convient plus : il serait brisé. La surface de choc doit être éminemment élastique. D'où le dispositif en profondeur suivant :

1° Une première ligne faiblement occupée. Elle n'est pas défendable. La considérer simplement comme une avant-ligne hérissée de défenses accessoires et pourvue surtout de mitrailleuses (1) pour faire payer cher à l'ennemi sa sortie des tranchées. C'est le brise-lames chargé d'amortir l'effort.

2° La véritable ligne de résistance est en arrière, organisée elle-même en profondeur. Elle n'est pas continue, et composée de blockhaus, fortins, éléments de tranchées, tunnels, abris de toutes sortes, autant que possible à l'épreuve, et où s'accumulent hommes, matériel, munitions. C'est de là que partent, sous la protection des batteries de contre-préparation offensive, les puissantes contre-attaques dirigées contre l'assaillant sur lequel ont agi déjà les rapides facteurs d'usure du combat.

C'est ce système qu'Hindenburg a perfectionné en accentuant encore l'organisation en profondeur. En outre, les abris ont pris progressivement une ampleur et une solidité en rapport avec les progrès de l'artillerie : abris-cavernes à dix, quinze mètres sous terre, tunnels avec Decauville, électricité, confort et puissance, etc...

---

(1) Les systèmes d'abris pour mitrailleuses pendant les préparations sont nombreux. Elles émergent au ras du sol dès que le tir s'allonge.

Il suffit d'ailleurs de quelques mitrailleuses seulement en état de tirer (surtout celles qui prennent d'enfilade) pour causer à l'assaillant, en quelques minutes, de très grosses pertes.

Cette organisation, montée sur plusieurs ressorts, fléchit sous le choc, mais sa résistance est telle qu'elle peut rebondir avec élasticité sans se rompre et faire mat l'adversaire imprudent qui ne sait pas limiter son effort.

De ces faits, il résulte que l'attaque frontale est chose compliquée, difficile et remplie d'aléas. Elle exige une mise en œuvre de moyens matériels gigantesques. Elle marchande ses résultats. Les progrès, très lents, nécessitent la répétition de l'effort et, par suite multiplient les pertes. A ces coups de bélier brutaux, sont infiniment préférables les combinaisons de l'esprit! Voilà qui prouve combien le talent du général est un élément précieux pour l'armée et le pays : économie de temps, d'efforts et de vies humaines; décision dans les résultats. Il ne faut jamais oublier, au milieu des circonstances les plus défavorables, que la guerre est un art. Le chef se jauge à son aptitude à saisir la moindre occasion pour quitter la méthode brutale à coups de masses d'hommes et revenir à la véritable manière : la manœuvre éternellement féconde issue de la fertilité de l'intelligence et des illuminations de la pensée.

Dans ces conditions, il faut s'attendre à ce

que la première tentative de percée du front
ne réunisse pas, faute d'expérience, toutes les
dispositions exigées, et, par suite, n'aboutisse
pas. Le premier jour (effet maximum de la
surprise), l'attaque progresse d'un kilomètre
environ sur le front d'assaut. Dès le lendemain (17) l'ennemi, sans enrayer l'avantage
pris sur lui, réagit néanmoins, de telle sorte
que le gain n'est plus que de huit cents mètres de tranchées en surface. Quarante-huit
heures après le déclenchement de l'offensive,
les troupes attaquées sont assez fortes pour
contenir, ou à peu près, l'assaillant sur ses
nouvelles positions. Du 16 au soir à l'aube
du 19, elles ont contre-attaqué quatorze fois
(cinq fois au cours de la seule nuit du 18 au
19). Le 20, malgré une volonté bien nette de
continuer de l'avant, l'attaque ne réussit qu'à
occuper partiellement un petit bois vers Perthes. Trois nouvelles contre-attaques, dans la
nuit qui suit. Le 21, l'occupation du petit bois
est complète. Sur le reste du front de Souain
à Beauséjour, *statu quo*. Le 22, au nord de Mesnil, une tranchée, deux bois sont enlevés.
L'attaque ne progresse plus que péniblement
et par saccades, en déplaçant son effort latéra-
lement; elle paye très cher ses gains. Elle

commence à être oppressée par les réactions
de l'ennemi qui se font de plus en plus violentes et donnent l'impression que l'adversaire,
au lieu d'être acheminé vers la défaite, se ressaisit. Le communiqué allemand signale, à la
même date, que nos attaques se renouvellent
avec « une moindre force ». Bien qu'un communiqué soit tendancieux, celui-ci ne fait
qu'exprimer ce que la logique laisse devi-
ner. Le communiqué français du 23 men-
tionne que les contre-attaques ennemies
deviennent « particulièrement violentes ».

Et le combat se prolonge ainsi jusqu'au
11 mars, sans apporter de modifications no-
tables de part ni d'autre. L'attaque générale
du début a été rompue, mais les morceaux,
encore vivaces, continuent, par la vitesse ac-
quise, une série d'offensives partielles un peu
décousues. Le but initial n'est plus à espérer
dès le 20. On essaie, par ces efforts, pour ainsi
dire individuels, et à la force du poignet, de
gagner la ligne de crêtes 188, 170, 196, 199, 185
et 189, qui s'étend parallèlement au front d'attaque et au sud de la route Souain-Tahure-
Rouvroy. On attaque, au hasard des progrès
des éléments d'offensive, tantôt un bois, tantôt une ligne de tranchées, un fortin, etc...

L'ennemi réagit vigoureusement; on progresse néanmoins à force d'énergie, mais très lentement. Le 27 février, toutefois, le commandement général semble vouloir reprendre la main et coordonner les efforts dispersés pour diriger une opération d'ensemble. Un ouvrage formant bastion est enlevé à chaque aile au nord de Perthes et au nord de Beauséjour, et, entre ces deux points d'appui, une pression continue est prononcée. Résultats satisfaisants, mais loin d'être décisifs. Puis le combat reprend, pour ne plus la quitter, l'allure des initiatives individuelles et décousues, et l'affaire meurt faute d'espoir pour l'alimenter, sur la ligne de crêtes précitées.

En somme, le premier engagement de Champagne a été l'essai d'une entreprise très dure avec un instrument trop faible qui a éclaté dès la mise en action; la direction générale en a été désemparée, et l'affaire s'est poursuivie, jusqu'à épuisement, en un émiettement d'offensive.

A côté de ces opérations normales, dirigées par le commandement supérieur et dont les résultats peuvent changer la face des choses, il en est d'autres qui se justifient difficilement, au moins dans leur conduite. Elles ont l'in-

convénient de disperser les énergies. Parmi
elles, aucune ne montre mieux, peut-être, que
les opérations d'Argonne, la nécessité du *plan
d'ensemble* et d'une *direction unique extrêmement jalouse de son autorité.*

Tout le monde connaît l'Argonne, célèbre
déjà au temps des guerres de la Révolution.
C'est un massif très âpre (Apremont) orienté
nord-sud entre l'Aire et l'Aisne. Son altitude
moyenne est de 300-400ᵐ et sa largeur de 15
à 18 kilomètres. Sa forme générale est celle
d'un dos d'âne entaillé de ravins très encais-
sés. Très pauvre, peu habité, il est couvert
de bois, de fourrés à peu près inextricables.
Déjà les petites armées de la Révolution, très
mobiles, ne s'y mouvaient qu'avec une extrême difficulté. Elles ne s'éloignaient pour ainsi
dire pas des rares routes, passages plutôt,
orientées est-ouest, qui franchissent les cols.
Excellent obstacle contre un ennemi venant
de l'est ou de l'ouest, déjà moins bon bastion
pour appuyer une manœuvre vers les mêmes
directions, l'Argonne a une valeur presque
nulle quand l'axe militaire est dirigé nord-
sud. En effet, au lieu de s'engouffrer dans ce
chaos, les troupes glissent facilement dans
les couloirs de l'Aire ou de l'Aisne. C'est ce

que firent les Allemands au moment du recul
de la Marne. Le repli, cependant, ne dégage
pas le massif en entier; l'ennemi garde l'ex-

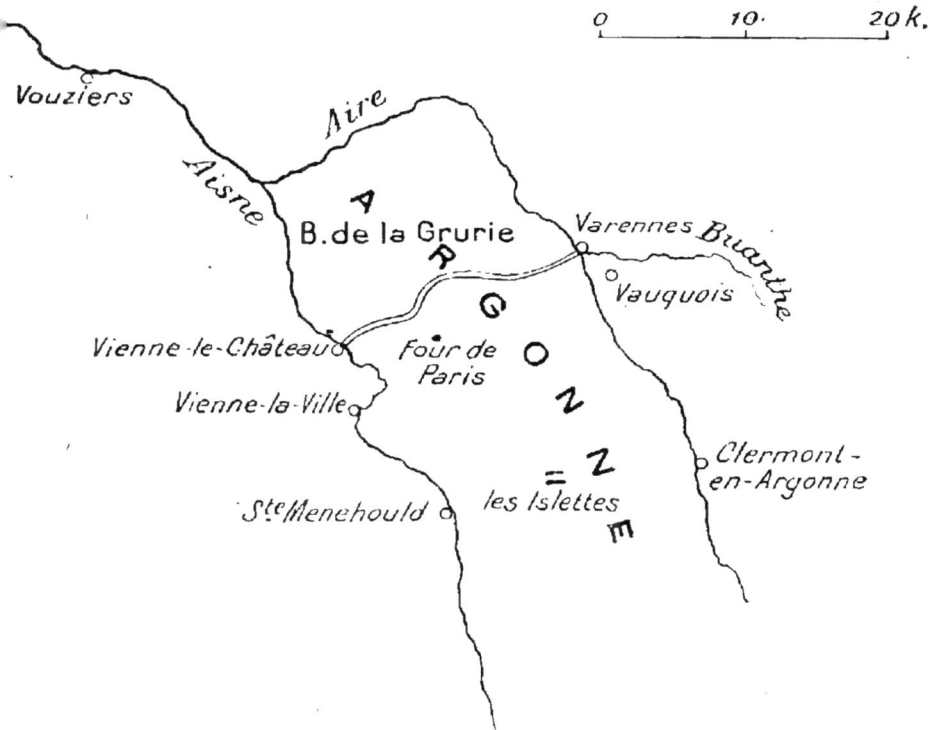

Fig. 6.

trémité nord et s'installe sur la route de
Vienne-le-Château à Varennes, celle-là même
qu'emprunta Louis XVI au moment de sa
fuite et qui, naturellement, est la meilleure.
L'état-major allemand, conservant un pied

sur l'Argonne, se ménage la possibilité d'un retour offensif; par l'occupation très solide des points d'appui de Vienne-le-Château et de Varennes, il conserve le libre accès des vallées de l'Aire et de l'Aisne; enfin, par la transversale Vienne-le-Château-Varennes, il garde la liberté de manœuvrer par l'une ou l'autre de ces vallées. Les troupes françaises de poursuite manœuvrent d'une façon très judicieuse. Elles mettent la main sur la route Sainte-Menehould-Clermont-en-Argonne par le col des Islettes. Elles se prolongent par les deux vallées pour presser les flancs de l'ennemi jusque-là en retraite. Mais celui-ci a fait front sur la ligne générale de l'Aisne, et l'offensive d'Argonne s'arrête sur la ligne Vienne-la-Ville-Vauquois. La guerre de siège commence là comme ailleurs. Après les frottements provoqués par les nécessités d'installation, il semblerait que la lutte locale doive s'apaiser progressivement, car aucune solution, évidemment, ne saurait être cherchée de ce côté. Au lieu de cela, les communiqués de l'hiver et du printemps sont pleins d'épisodes glorieux mais inutiles. Les noms de Four-de-Paris, Saint-Hubert, Fontaine-Madame, Pavillon de Bagatelle, Bois de la

Grurie, la Barricade, la Chalade, etc., revien-
nent constamment, et nulle part peut-être la
situation, même locale, a aussi peu changé !
Certes, les Allemands endossent une bonne
part de la responsabilité de ces luttes meur-
trières et sans profit : ils ont souvent attaqué,
comme à Marie-Thérèse. Mais nous aussi
nous y avons fait des offensives locales, que
l'on pouvait savoir d'avance vaines. Les énergies, consommées dans l'Argonne, auraient
pu être dépensées contre l'Allemand sur un
terrain plus favorable. Libre à l'ennemi, s'il
commet la faute, de s'user inutilement ! Une
sévère défensive locale suffisait, dans l'Argonne, pour briser avec pertes ces élans in-
tempestifs. Et sur tous les fronts analogues,
le superflu de ressources pouvait être retiré
et engagé, à intérêts de 100 pour 100, sur le
front décisif, dans la manœuvre, nœud de la
situation, pour ébranler à coups de massue
la puissance allemande. Tout ramène à l'idée
simple : un plan unique; dans ce plan, un
but; toutes les ressources, toutes les énergies employées sur le front décisif pour l'exécution de ce but; *partout ailleurs* le strict
minimum pour *résister*. L'économie des forces
ne veut pas dire autre chose.

Toutefois, s'imaginer qu'en dehors de la manœuvre principale il ne doit régner, sur le reste du front, qu'une passivité générale, serait se faire un très faux tableau de la situation. L'esprit le moins ouvert admet que la guerre sera longue, très longue. Il faut, par suite, agir avec une méthode rigoureuse. Il convient que, dans chaque secteur du champ de bataille, nos troupes, rapidement, s'assurent l'avantage du terrain. Autant la recherche de la « position » est une erreur dans une guerre comme celle de 1870, autant, dans la guerre moderne, le *minimum* de troupes, puissamment aidé par la fortification de campagne, *doit* mettre le terrain dans son jeu. Et comme l'ennemi aura exactement la même préoccupation, il s'ensuivra des « frottements » qui ne se solutionneront que par la force des armes. Un exemple de cette nécessité tactique est donné, à la porte même de l'Argonne, à Vauquois.

Les Allemands sont à Varennes (gros morceau) et occupent Vauquois en avancée. L'examen seul de la carte et de la situation topographique montre à l'évidence le gros intérêt que nous avons à la possession de ce village, coté 263 (la plus haute cote de l'angle

Aire-Buanthe), à 3 kilomètres 500 de Varennes qui est en contre-bas, Vauquois est le bastion naturel de la région. Très bon observatoire vers le nord surtout, tête de pont sur l'Aire (débouché de l'Argonne), sa crête tient également sous son feu le couloir de la Buanthe. Mais, pour le moment, ces avantages se retournent contre nous : l'opération doit donc être menée avec un doigté particulier. L'aspect des lieux prouve qu'il est inutile de tenter le raid rapide et hardi. L'affaire débute, le 17 février, par un coup de main en force qui s'empare des avancées et tâte la position elle-même. Une sérieuse et méthodique préparation (1) est reconnue nécessaire. Celle-ci n'est terminée que le 27, ce qui peut paraître un peu long. Car les coups de main du 17 ont certainement donné l'éveil à l'ennemi; il est toujours dangereux de laisser à ce dernier (qui est éminemment actif) tous

---

(1) Ce sont des préparations du début de la guerre, faites principalement avec de l'artillerie de campagne, ce qui explique en partie :

a) La résistance de l'ennemi après ces dix jours de préparation ;

b) Le demi-insuccès de l'opération.

Le principe n'est pas encore adopté que l'artillerie lourde est indispensable contre les fronts fortifiés. Et puis ce n'est que beaucoup plus tard que l'on saura faire une préparation d'artillerie.

les délais voulus pour préparer la contre-
offensive. Prudence est bien; audace méthodique est souvent mieux. Le 28, l'attaque
définitive s'engage. Elle est très dure et doit
progresser pas à pas. Le premier jour, elle
s'accroche seulement au bord du plateau sur
lequel s'élève le village. Le 1er mars, malgré
deux contre-attaques, nos troupes gagnent
la lisière sud de Vauquois. Du 2 au 6 inclus,
la lutte prend le caractère d'un combat de
localité âprement disputé. L'énergie déployée
de part et d'autre est telle qu'aucun adversaire ne peut déloger définitivement l'autre.
La lutte s'arrête pile, le 6, dans une œuvre
inachevée : les Français ont la majeure partie
de Vauquois, mais les Allemands se crampon-
nent toujours à un lambeau ouest. Cette
situation est bizarre, car la possession du
village n'est rien : la position générale du
mamelon est tout. Or, la présence simultanée
des deux adversaires enlève à chacun les trois
quarts de ses avantages. Il y a certainement
une raison locale inconnue qui est venue
imposer cette bizarrerie à deux ennemis qui
n'ont pas l'habitude de s'arrêter à moitié
chemin. Il est intéressant de souligner cette
anomalie pour montrer avec quelle circons-

pection il faut porter ses jugements à la guerre. Toutes les situations, même les invraisemblables, peuvent parfois se justifier. .

Un autre exemple caractéristique, qui justifie une offensive partielle et locale, est fourni aux Eparges. Au moment de leur raid sur Saint-Mihiel (fin septembre 1914), les Allemands, venus par la plaine de la Woëvre, avaient côtoyé les Hauts-de-Meuse. Le mouvement par Saint-Mihiel échoue, mais l'ennemi conserve sa fameuse hernie et l'étaye au nord par le bastion des Eparges (346 mètres) qui lui donne commandement sur toutes les collines qui constituent les avancées des Hauts-de-Meuse, depuis Vigneulles-les-Hattonchâtel jusqu'à Mont-sous-les-Côtes, et au sud par la région marécageuse du Rupt-de-Mad et le bastion du bois le Prêtre. Les offensives célèbres, qui auraient peut-être pu mieux se combiner, des Eparges d'une part, du bois le Prêtre de l'autre, pouvaient donc amener la réduction de la hernie de Saint-Mihiel. En outre, les Français sont installés à Saint-Remy, au village des Eparges, à la Côte-des-Hures, à Mesnil et Mont-sous-les-Côtes : tous points sous le feu des Eparges. Situation into-

lérable. Enfin, la route qui longe les Hauts-
de-Meuse de Haudiomont (jonction avec la
route Etain – Metz) à Dommartin est coupée en
son milieu par les Eparges.

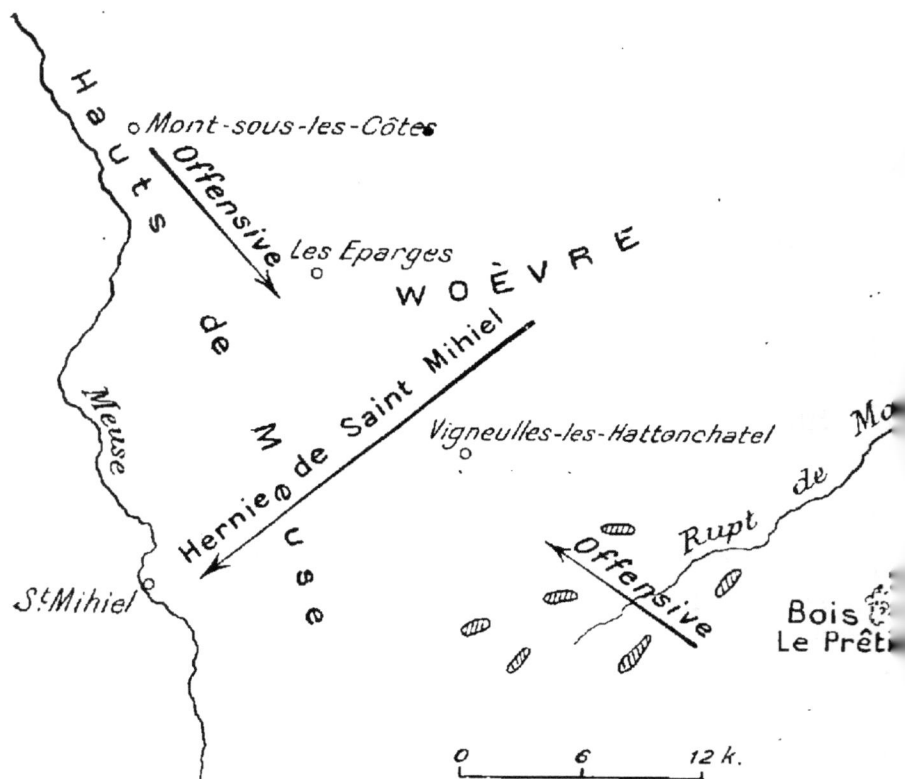

FIG. 7.

L'attaque décidée a lieu au milieu de
février. Partant du fond, les Français ont
l'idée de faire précéder d'une guerre de mine
l'assaut proprement dit à ciel ouvert. Une

série de sapes aboutissant à des fourneaux de mine sont installées, et l'explosion, tout en agissant sur le moral des défenseurs, crée de larges entonnoirs qui seront utilisés par l'infanterie. A ce *même* moment, l'artillerie exécute la préparation habituelle (1) et l'infanterie monte à l'assaut le 17 février. L'ouvrage des Eparges comprend deux lignes de tranchées organisées en plusieurs étages de feu et appuyées à chaque extrémité à un solide bastion. L'ouvrage est orienté vers le nord. Le premier assaut est mené par nos troupes d'Afrique avec un entrain admirable : le bastion ouest est enlevé. Durant la nuit, ce bastion est soumis à l'action de *l'artillerie lourde* et, le 18, l'ennemi contre-attaque. Le bastion est perdu, puis repris, par les Français (régiments du Maroc). Le 19, mêmes alternatives : tour à tour chaque artillerie chasse l'occupant. A la nuit, les Français restent maîtres de l'ouvrage et repoussent quatre assauts des Bavarois.

Le 20, la situation étant intenable dans le bastion ouest, qui est un nid à projectiles, un

---

(1) Même remarque que pour l'affaire de Vauquois, remarque qui est générale pour l'époque et qui ne sera plus répétée.

assaut est tenté sur le bastion est. Il ne réussit
qu'en partie : seul, le saillant avancé est
occupé. Une tentative sur la courtine qui
réunit les deux bastions échoue. L'ennemi

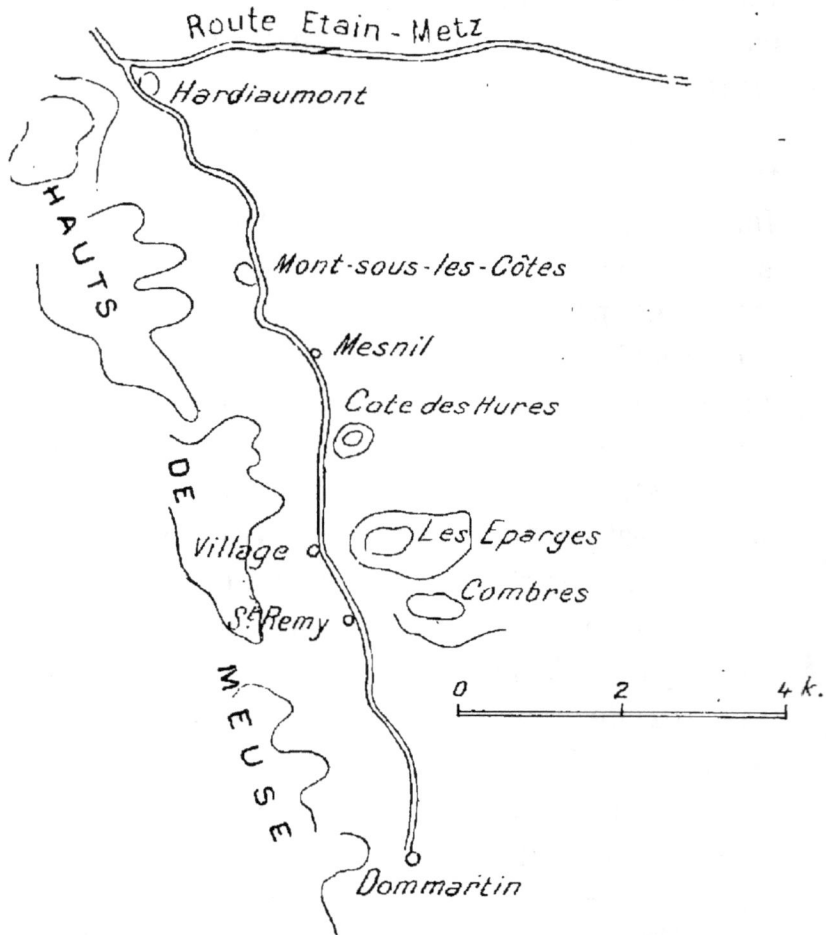

FIG. 8.

réagit le 21, contre-attaque, mais la situation
ne se modifie plus ; comme à Vauquois, les
deux adversaires restent un doigt en l'air.

Exactement un mois plus tard, les 18, 19,
20 et 21 mars, l'attaque est reprise. Trois
bataillons sont lancés contre le bastion est.
Résultats insignifiants. On observe alors un
détail important : *la nécessité de la parallèle de
départ*. Les Allemands, jusqu'ici, ont eu le
temps, pendant la marche d'approche, de
quitter les abris de bombardement avec fusils
et mitrailleuses et, par des galeries souterrai-
nes, de venir occuper les parapets boulever-
sés (1). Fort de cette constatation, un bataillon
de chasseurs attaque le 27. Cette fois,
l'effectif est insuffisant et le gain se borne à
150 mètres de tranchées dont quelques éléments sont perdus le 29, au cours d'une
violente contre-attaque. De nouveau, situation
stationnaire.

Le 5 avril, à 16 heures, s'ouvre la troisième
phase de la lutte. Une première attaque,
menée par deux régiments, est refoulée le
6 au petit jour par une contre-attaque d'une
violence extraordinaire. Le même soir, un

---

(1) Compte rendu du *Bulletin des armées* du 16 avril.

nouvel assaut se produit : nouvelle contre-attaque, exécutée par un régiment et demi (communiqué français du 8). Mais celle-ci, débouchant du plateau de Combres, qui est sous les vues des Eparges, a été repérée dès sa préparation. L'artillerie française prend sous son feu les troupes de contre-attaque (formation serrée) dès leur sortie du village de Combres, et brise leur élan. Le 7, les Français reçoivent des renforts et, le 8, à 10 heures, ils atteignent le sommet des Eparges ; le combat se poursuit opiniâtrement toute la journée et, au cours de la nuit, le fameux ouvrage est occupé dans son entier. Deux régiments et un bataillon de chasseurs ont été nécessaires. Toutefois, les Allemands tiennent encore sur la crête, à l'est, deux petits îlots fortement occupés. Il faut en finir. Un nouveau régiment frais est amené et, le 9, dans l'après-midi, il s'empare de ces deux derniers îlots. La ténacité allemande ne s'avoue pas encore vaincue : elle tente un dernier assaut, vainement, dans la nuit du 11 au 12.

Pour avoir une idée de l'usure que produisent ces combats, il suffit de savoir que les Allemands ont employé deux divisions (une de réserve et une de l'active) pour perdre les

Eparges. Toutefois, pour être juste, il faut
reconnaître que les Français n'ont pas conquis le plateau de Combres, en contre-bas au
sud des Eparges. Par suite, l'opération n'a

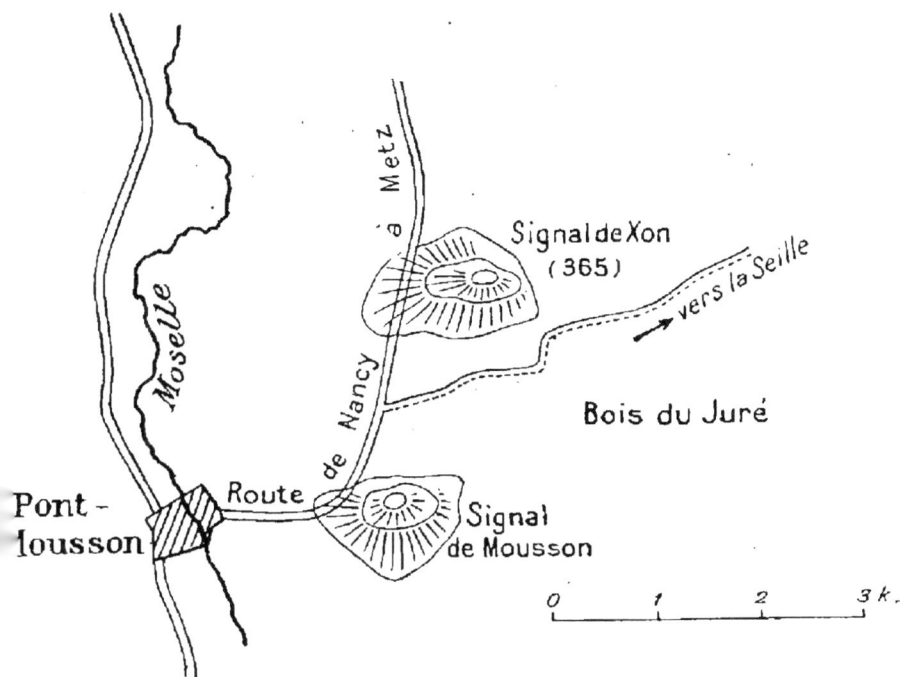

Fig. 9.

produit que des avantages locaux et n'a pas
eu la répercussion espérée sur les derrières
de la hernie de Saint-Mihiel. Et pourtant c'eût
été là un beau résultat : dégagement de Verdun, menace vers Briey..... qu'aurait peut-

être réalisé une coordination plus intime entre les très nombreux essais faits dans ce but
(combats d'Apremont, Ailly, Flirey, bois de
Mortmare, Regniéville, et surtout bois le Prêtre), coordination qui aurait tout naturellement découlé d'une *direction unique* et d'un
plan d'ensemble. Le décousu est le pire des facteurs d'enrayage à la guerre. Le Signal de Xon
(nord-est de Pont-à-Mousson) est encore une
justification de courte offensive locale. Le
Signal est une tête de pont sur la Moselle,
d'autant plus importante qu'elle assure le débouché de Pont-à-Mousson (routes-pont). Il
commande la route de Nancy à Metz. Enfin et
surtout, le Signal (365^m) est un observatoire
magnifique. De là, la vue s'étend sur toute la
vallée de la Moselle, sur les crêtes à l'ouest,
en particulier sur le fameux bois le Prêtre,
sur les organisations allemandes de la vallée
de la Seille et même, par temps clair, jusqu'à
Metz. Le procédé sera généralisé à tout le
front en 1916, dite « l'année des offensives
d'observatoires ». Et l'on peut même penser
que la prise de tous ces observatoires (Mont
Haut, Cornillet, mont Sans-Nom, crête de
Vimy, etc.) mettant le secteur allemand en
fâcheuse posture, a été, dans le repli allemand

de Noyon (1917), pour autant que l'offensive des Flandres (1). En tout cas, il est intéressant de remarquer que ce repli s'est effectué précisément devant la ligne des grands observatoires, entre Laon et Arras.

---

(1) Ou le désir, chez l'ennemi, de raccourcir le front.

Opérat. franco-britann.   7

CHAPITRE III

Les opérations autour d'Ypres.

Les grandes opérations des Flandres ont été précédées, le 10 mars, d'une offensive locale anglaise à Neuve-Chapelle, entre Armentières et La Bassée. L'Angleterre tâte aussi des attaques partielles entreprises on ne sait trop pourquoi. Les troupes franco-britanniques ne sont pas fondues en *un tout homogène*; le système des cloisons étanches subsiste en dépit des liaisons et des marques de sympathie échangées. Sur le front d'Occident, il y a deux armées, une anglaise et une française, opérant simultanément évidemment vers un but commun : la victoire sur les armées austro-allemandes, mais sans *direction unique* et surtout sans *plan d'ensemble commun* (1). Livrée à ses

---

(1) Cette observation, lourde de conséquences, est le point faible des coalitions. Elle s'applique non seulement à un théâtre d'opérations, mais elle s'étend à *l'ensemble des fronts d'action*. La radiotélégraphie rend possible l'application du principe. C'est avant tout une question d'organisation qui n'est pas insurmontable. L'ennemi a réussi. Il est vrai qu'il joue sur la ligne intérieure. Une volonté tenace, un accord parfait et un esprit d'organisation réellement pratique feraient vite tomber les cloisons étanches qui compartimentent encore les Alliés et absorbent sans profit 20 p. 100 de l'effort commun.

propres inspirations, l'armée anglaise fait son expérience. Comme toute jeune troupe à ses débuts, elle essaie ses ailes ; avant de donner à fond dans la grande bataille, elle se laisse séduire par la démonstration locale moins compromettante. L'armée française aurait pu cependant lui passer, à ce sujet, de sages conseils et lui éviter de lourds sacrifices inutiles.

Comme en Champagne, quand les résultats immédiats ne sont pas très apparents ni surtout proportionnés au prix qu'ils ont coûté, l'état-major cherche des raisons lointaines et un peu vagues qui, d'ailleurs, ne trompent personne. A propos de Neuve-Chapelle, le compte rendu général, fait, bien entendu, après coup, rattache l'affaire aux événements de Russie où Hindenburg décoche ses coups de boutoir. Il s'agissait, paraît-il, de décongestionner le front russe, comme si le grain de sable de Neuve-Chapelle pouvait enrayer la machine allemande en action à des milliers de kilomètres ! Il est beaucoup plus probable qu'il s'agissait tout bonnement de mettre à l'essai la nouvelle armée anglaise, après la torpeur des longs mois d'hiver dans la tranchée, et ce dans un secteur dont on ne soupçonnait pas la force.

L'affaire est préparée par un bombardement, très violent il est vrai, mais beaucoup
trop court : à peine une heure. Un temps ap-
préciable s'écoule également entre la fin du
bombardement et la sortie des tranchées;
l'ennemi a le temps de garnir ses lignes. Sur
beaucoup de points, il n'y a pas eu de parallèle
de départ : d'où distance relativement longue
à parcourir à découvert et sous un feu intense.
Trois brigades donnent l'assaut. Elles s'emparent du village de Neuve-Chapelle et des routes qui en débouchent. L'artillerie opère judicieusement; elle arrose fort à propos de
projectiles toute la zone limitrophe au village. C'est un véritable tir de barrage qui met
les réserves ennemies dans l'impossibilité
d'intervenir. Pendant ce temps, l'infanterie
d'attaque, avec un beau sang-froid, s'efforce
d'appliquer les théories apprises; elle organise la position conquise, ce qui, dans un village, est assez facile, et elle tente de remettre
de l'ordre dans les unités qui ont combattu, ce
qui est extrêmement pénible sur la ligne de
feu.

Le lendemain, 11, l'attaque est reprise pour
élargir le gain de la veille. L'artillerie de préparation entre à nouveau en action. « Mais, dit

le compte rendu général, les conditions atmos-
phériques rendaient difficiles les reconnaissances aériennes; les fils téléphoniques ne
fonctionnaient pas entre les observateurs de
tranchées et les batteries. Si bien que la préparation fut insuffisante. » Aucun progrès. Le
12, les conditions sont aussi défavorables. Et
le commandement arrête les frais... et aussi
les pertes; il se borne à repousser les contre-
attaques (journée du 11, nuit du 11 au 12,
journée du 13 et matinée du 14). Succès, certes ! mais purement moral et chèrement payé.
Pertes : 572 officiers, 12.239 hommes. Si la liaison et la coopération avaient été plus intimes
entre les troupes franco-britanniques, celles-
ci auraient profité de l'expérience de celles-là
pour éviter les erreurs de préparation et d'exécution signalées plus haut et qui sont respon-
sables à la fois du chiffre très élevé du déchet
et de la vitalité restante de l'ennemi qui a pu
s'opposer à l'épanouissement du gain. On voit
que le sort commun des opérations partielles,
engagées sans un but bien défini et en dehors
d'une coopérative *générale* des forces, est
d'être sans aucun aboutissement utile; elles
comptent aussi parmi les plus coûteuses en
hommes.

Chacun connaît la configuration topographique des Flandres : plaine légèrement mamelonnée et à pentes très douces ; les hauteurs 14, 60 culminent et sont les points d'appui et les observatoires recherchés. Toutes proportions gardées, les courtes actions locales sont plus dures que les grandes offensives : celles-ci disloquent l'ennemi sur une très grande surface ; il faut, pour réagir utilement, des moyens extrêmement puissants qui ne peuvent, la plupart du temps, être réunis rapidement là où il faut. Tandis que, pour celles-là, la première troupe tirée hâtivement de la plus proche réserve arrête pile l'attaque et remet souvent les choses au point du début. C'est la raison qui fait que le commandement doit se montrer parcimonieux d'attaques locales partielles.

Néanmoins, comme cela a été vu sur le front français, il y a des points, des positions qu'il faut conquérir, car ils donnent des avantages tactiques à ceux qui les occupent ; la cote 60 (sud-est d'Ypres) en fait partie.

La capacité de réaction de l'ennemi est telle que la moindre action offensive doit être méthodiquement montée, sous peine d'échec sanglant. Les anciens procédés d'août 1914, qui consistaient à placer les troupes face à leur objectif et à donner le signal de l'assaut après une préparation quelconque, ne sont plus de mise. Dans l'affaire de la cote 60, les Anglais, avec un esprit d'assimilation remarquable, se sont mis tout de suite au diapason.

Les 15 et 16 avril, l'attaque est soigneusement préparée (il y a un progrès énorme depuis Neuve-Chapelle) :

A) Par l'artillerie qui :

1º Exécute (artillerie de campagne) des tirs d'efficacité violents et courts sur les organisations de première ligne ;

2º Effectue (artillerie lourde à tir courbe) des tirs de démolitions continus sur les abris, P. C., nœuds de boyaux, etc., des premières lignes ;

3º Bat (artillerie à longue portée) les voies d'accès en arrière du secteur d'attaque.

B) Par l'infanterie, qui procède aux reconnaissances indispensables, vérifie les défenses accessoires de l'ennemi, enlève les postes d'écoute, éléments avancés, etc., se met, en un mot, à pied d'œuvre.

Le 17, le signal d'attaque est des plus simples et des plus efficaces : l'explosion d'une forte mine sous la cote 60. Immédiatement, tandis que l'infanterie sort des tranchées, l'artillerie allonge son tir et forme barrage. La cote est prise. Trop de facteurs interviennent en faveur de l'assaillant; si l'opération est bien menée, elle doit aboutir fatalement.

Mais, avec la prise, l'affaire est loin d'être terminée. On peut dire que commence alors la période la plus dure. L'artillerie ennemie, qui a tous les repères et distances voulus puisque l'on est dans son propre secteur, accable la position enlevée d'un tir d'une terrible précision. Puis l'infanterie met à profit le désordre inévitable, le mélange des unités, la disparition de beaucoup de chefs, les difficultés de ravitaillement et de liaison, la confusion des nouvelles lignes qui gêne l'intervention de l'artillerie d'attaque. pour prononcer de vigoureux retours offensifs. C'est la réaction la plus dangereuse : il faut *immédiatement* y parer par une réorganisation rapide et un aménagement du terrain conquis (généralement retournement de tranchées) poussé aussi loin que possible. C'est ce que les Anglais ont pratiqué d'une manière très remarquable. Aussi, non seulement les contre-attaques (dès le 18, à l'aube) ont été refoulées, mais les retours offensifs, extrêmement violents, exécutés les 21 et 22 ont été brisés.

Depuis l'extension linéaire des fronts de la Suisse à la mer, la stratégie, cette science qui met en valeur l'originalité du commandement, n'a plus la prépondérance sur les champs de bataille. Elle est suppléée par la tactique, qui est l'art d'accommoder aux circonstances réelles une leçon apprise. Très vite (plus vite que les Alliés), les Allemands se rendent compte de la vanité des méthodes habituelles. Un facteur est décidément indispensable au succès, et il faut l'acquérir à tout prix : *la surprise*. On a vu que les méthodes ordinaires de guerre ne peuvent se pratiquer sans avertir l'ennemi. Pour le surprendre, *il faut de l'inédit*, et cet inédit on le cherchera en violant le droit et toutes les conventions admises.

Le 22 avril, dans la soirée, se produit un événement qui stupéfie les milieux militaires du monde entier. Soudain, des tranchées ennemies surgissent des nuages de vapeurs inconnues, opaques, très denses, d'une teinte blanc verdâtre. Poussées par un vent favorable (le moment avait été choisi), ces vapeurs gagnent lourdement les lignes alliées. La respiration de ces gaz, à base de chlore, est rapidement mortelle. La densité qui les fait traîner sur le sol leur permet également de s'infiltrer dans toutes les excavations; ils descendent les escaliers des sapes, se glissent dans les abris. Leur action nocive s'étend sur plusieurs kilomètres en arrière. Surpris par ces vapeurs redoutables et mystérieuses, contre lesquelles il n'est aucun moyen prévu de défense et qui asphyxient littéralement au milieu d'atroces souffrances, nos soldats, désemparés, sont hors d'état d'opposer une résistance aux colonnes d'attaque ennemies qui, protégées par le masque, suivent la ligne des gaz. Une brèche est littéralement ouverte sur le front franco-anglais : de Langemarck à Steenstraete (huit kilomètres), cette surprise (qui peut s'appeler aussi traîtrise) procure aux Allemands une avance de plus de cinq kilomètres. On peut se demander même pourquoi ils n'ont pas bourré plus énergiquement. Fait important, entre Boesinghe et Steenstraete, l'ennemi franchit le canal de l'Yser et atteint Lizerne et la ligne de l'Yperlée. En somme, il y a surprise tactique mais attaque *timide* de l'ennemi; les lignes franco-anglaises reculent de six kilomètres environ, mais l'opération ne quitte pas le caractère de gros incident local. Tandis que, si l'ennemi avait compris de suite à quel point il pouvait exploiter cette véritable surprise, le danger eût été très grand. La surprise, sous toutes ses formes, est une arme terrible; le commandement qu'elle favorise doit marcher en confiance et *à fond* derrière elle.

Les troupes alliées, qui encaissent, le 22 avril, une traîtrise qui rappelle les guerres sauvages et sans scrupules telles que les pratiquaient les barbares, occupent la situation initiale suivante :

De Dixmude à Steenstraete, derrière le canal de l'Yser, profond et large, se trouvent les Belges; la ligne franchit le canal à Steenstraete et, par Bixschoote, Langemarck, atteint le carrefour Ypres-Roulers par Poelcappelle et Ypres-Dixmude par la forêt d'Houthulst. Ce secteur est tenu par les Français (une division). Puis les Anglais tiennent la ligne Broodseinde-Becelaere-Gheluvelt et cote 60. Le tout forme ce qu'on appelle le saillant d'Ypres.

Le coup des gaz est dirigé sur tout le front de la division française. Le point choisi permet :

1° De mettre hors de cause, par l'effet de la surprise, le principal adversaire;

2° De percer en son centre une ligne tenue par trois alliés et que l'on suspecte de manquer d'homogénéité;

3° De s'appuyer au canal de l'Yser pour mettre en danger la ligne anglaise demeurée en l'air et tournée sur sa gauche.

L'ennemi refoule la gauche française, s'empare, sur le canal, des points de passage de Steenstraete, d'Het-Sas, de Boesinghe et pousse des éléments sur la rive ouest; mais il ne peut réussir un objectif important : couper le point de soudure anglo-français. La ténacité britannique, l'intervention opportune des réserves, la valeur des Français maintiennent la liaison, et, si la ligne générale fléchit, elle n'est pas brisée. Le 23 au soir, la ligne française est reportée à 1 kilomètre environ à l'est du canal, elle franchit ce dernier en amont de Boesinghe et se relie à la ligne anglaise qui n'a pas sensiblement bougé, mais dont la situation est précaire. Il s'est produit là ce qui s'est produit plus tard à Verdun. L'attaque allemande de février 1916 a *surpris* par sa soudaineté et sa violence. Ses progrès foudroyants du début ont été permis

par l'inexistence, ou à peu près, des deuxiè-
mes lignes. A Samogneux, par exemple, sur
la cote du Talon, il n'y avait ni tranchées ni
réseaux. Les troupes refoulées des premières
lignes par la pression allemande, les réserves
appelées en hâte pour rétablir, sous le feu,
une situation dangereuse devaient, pour se
cramponner au terrain et sous un bombardement intense et ininterrompu d'artillerie
lourde, et tandis que les masses ennemies des-
cendaient de la cote 344 et du bois d'Hautmont,
creuser des tranchées sommaires avec l'outil
portatif. Dans les Flandres également, les
deuxième et troisième positions n'étaient
que rudimentaires, alors qu'elles devaient
être de véritables premières lignes éventuel-
les organisées avec toute la solidité et le fini
que réclame la guerre moderne. Si ces précautions avaient été prises, les Allemands
n'auraient certainement pas franchi le canal
de l'Yser, barrière large et profonde et, caractéristique intéressante, difficilement franchis-
sable par les gaz absorbés par l'eau. Il y
a une nécessité impérieuse à organiser minutieusement les deuxième et troisième positions, *même dans les secteurs calmes.*

La situation du 23 au soir est purement

provisoire; il est évident que c'est un dispositif d'attente qui ne peut se prolonger, surtout
pour l'armée anglaise. Le 24, les Allemands,
mettant à profit leur supériorité d'artillerie,
attaquent aux deux points de soudure des
fronts alliés : la pression sur la liaison franco-
belge leur donne le village de Lizerne, ce qui
consolide par un point d'appui leur situation
sur la rive ouest ; ils désarticulent, par la prise
de Saint-Julien, la jonction déjà fragile entre
Français et Anglais. On ne saurait trop admi-
rer le haut sentiment du devoir qui anime les
troupes britanniques à cette occasion. Dans
des conditions très difficiles, sous un feu d'artillerie lourde (150^{mm}) extrêmement précis et
continu, dans une position en l'air particulièrement dangereuse et qui menace d'empirer à chaque heure, sous les assauts répétés
et vigoureux d'un ennemi qui sait sa force,
qui se rend compte de la vulnérabilité tactique de l'adversaire et que les succès des jours
précédents ont exalté, pas un moment ces
vaillantes troupes ne songent à abandonner
le terrain qui leur est confié. Avec un sang-
froid imperturbable et une volonté de fer, elles
s'accrochent au sol et, jusqu'à la limite suprême des résistances humaines, elles seront

le noyau inébranlable, le carré de la vieille garde auquel le flottement environnant peut s'appuyer pour ressaisir le succès. Les entrevues émouvantes des commandements français et anglais soulignent la valeur des troupes qui combattent. Le premier, avec calme, expose que, pour refouler (il n'est pas question d'enrayer) l'ennemi jusqu'à sa tranchée de départ (6 kilomètres et la reprise d'un fragment du canal de l'Yser), il faut une véritable offensive dans les grands styles, qui nécessite un effectif d'attaque (infanterie et artillerie) bien supérieur aux réserves habituelles de secteur; ces troupes sont appelées de loin (1); chemins de fer et transports automobiles les amènent à grande allure; mais quelques jours sont nécessaires encore avant la mise en œuvre efficace. Et l'on demande aux Britanniques de tenir coûte que coûte, car le refoulement du secteur anglais ferait perdre 90 p. 100 des chances de réussite. Le

---

(1) La plupart des troupes disponibles et les meilleures : les troupes de choc, sont rassemblées dans la région d'Arras en vue de l'offensive principale qui s'est déclenchée au début de mai. Ce fait explique pourquoi les secteurs voisins, eux-mêmes dégarnis, n'ont pu, malgré l'urgence, prêter les renforts suffisants. C'est également l'explication de l'infériorité momentanée d'artillerie sur le front des Flandres.

général anglais s'incline : ses troupes tiendront; il ne fait qu'une demande, c'est d'accélérer au maximum l'arrivée des renforts. La parole donnée est tenue, malgré les efforts violents de l'ennemi, malgré de nouvelles émissions de gaz asphyxiants contre lesquels les troupes n'ont aucun préservatif. Le 25 et le 26 la situation se prolonge sans autre changement notable qu'un redoublement de ténacité héroïque chez les Anglais. Pendant ce temps, les Français, qui reprennent possession de leur capacité offensive, profitent de l'arrivée des premiers renforts pour déblayer le plus gros et fixer nettement la base de l'attaque imminente. Leur effort est triple :

1° Avec le concours belge (artillerie), après des assauts multipliés auxquels prend part très crânement un régiment territorial, le village de Lizerne est repris maison par maison. La soudure franco-belge est assurée et l'action, sur la rive ouest du canal, dispose d'un pivot de manœuvre.

2° Les Allemands de la rive gauche ont derrière eux une importante ligne d'eau qui est un obstacle aux communications. Les ponts et passerelles de Steenstraete, Het-Sas, Boesinghe sont sous le feu de l'artillerie alliée. Pour avoir la liberté de manœuvre sur cette rive, l'offensive allemande aurait dû prendre ses dispositions pour être poussée jusqu'à la ligne Poperinghe-Crombeek. Une simple tête de pont n'est plus suffisante *en fin d'offensive*; c'est la source d'un torrent qui inonde et se répand *au loin* en mettant à profit la première surprise de l'adversaire. Mais, quand les choses commencent à se tasser, quand l'assailli reprend conscience et regroupe ses moyens d'action, la tête de pont devient un nid à projectiles et une *zone de concentration d'efforts*. Petit à petit, sous des poussées continues, de plus en plus énergiques à mesure que les renforts arrivent, la progression allemande est non seulement arrêtée, mais les éléments qui ont franchi le canal, à leur tour en l'air, sont refoulés et serrés de près. Boesinghe est repris en majeure partie. Le 27, la position allemande sur la rive gauche n'est plus qu'une vaste redoute, garnie de fortins, adossée au canal, autour de Steenstraete et d'Het-Sas.

3° Sur la rive est, des efforts nombreux mais vains sont tentés par les Français en direction de Pilkern, et les Anglais, de Saint-Julien, pour redresser leur soudure et l'appuyer aux lignes fortes du terrain.

Néanmoins, la situation anglaise devient sans cesse plus critique. Les Allemands la sentent en l'air et s'acharnent contre elle.

Sur ces entrefaites, les renforts attendus impatiemment continuent à arriver. Mais, en même temps, on se rend compte de plus en plus que refouler l'ennemi jusqu'à ses tranchées de départ est une bien grosse affaire. Il faudrait une véritable offensive à grand orchestre : une artillerie (et de la *lourde* dont nous sommes encore avares) employée en prodigalité, une préparation qui, pour être complète, sera longue, des unités, aliments des journées de combat, qui soient des divisions. Or, le commandement supérieur français prépare précisément cette grosse attaque en Artois : il ne peut pas partager avec les Flandres ; ce serait risquer d'avorter des deux côtés.

Il vient donc des renforts, excellentes troupes (armée d'Afrique), mais l'effectif (artillerie comme infanterie) convient à une opération secondaire et non à une entreprise de grande haleine poussée à fond. De plus, il est évident qu'une des premières choses à faire est de nettoyer la rive gauche : une partie des renforts est absorbée par ces préliminaires. En outre,

il faut reconnaître, pour préciser avec exacti-
tude la situation militaire, que l'état-major
local, bousculé par les nécessités tactiques, les
arrivées irrégulières de troupes nouvelles et
inconnues, obligé de camper et d'abandonner
le confortable des bureaux, se laisse un peu
déborder; les unités, faute d'une organisation
suffisante, chevauchent entre elles; il y a jusqu'à un pêle-mêle assez confus de Français et
d'Anglais; des bataillons sont séparés de leur
compagnie de mitrailleuses. La hâte dégénère
en précipitation; un bataillon de zouaves, débarqué en pleine nuit, est mis aussitôt, tant
bien que mal, face à son objectif : un fortin
très solide, et, au petit jour, après une préparation rudimentaire, l'attaque a lieu sans reconnaissance, sans avoir vu le terrain à parcourir, sans rien savoir des dispositions de
l'ennemi. La guerre, qui est une science précise, ne tolère pas ces dérogations à ses principes éternels. Elle sanctionne d'un sanglant
échec de telles pratiques. Il faut recommencer, mais un bataillon est par terre.

Néanmoins, le commandement fait face aux
difficultés. Avec un remarquable esprit de
suite, il n'abandonne pas son projet primi-
tif : rétablir le *statu quo* du 22 avril au matin.

Une seconde entrevue du haut commandement français et anglais a lieu le 29. L'attaque
aura lieu le 30; on demande encore aux Britanniques de tenir jusqu'à sa décision. Ceux-ci
promettent, mais font comprendre que c'est
la dernière limite consentie.

L'opération est simple. L'effort principal
portera sur la rive est, parallèlement au canal,
en direction des cotes 14 et 17 (premier objectif), de Pilkern (deuxième objectif) et de la
ligne Langemarck-Bixschoote (troisième objectif). Une attaque secondaire partira de Boesinghe, franchira le canal sur deux ponts
rétablis pour la circonstance, prendra à revers les défenses des cotes 14 et 17 et prolongera ensuite la gauche de l'attaque principale.

Il est très judicieux d'organiser le gros effort sur la rive droite avec Boesinghe comme
pivot. Il n'y a même que cette solution pratique, en raison de l'obstacle du canal. Quant à
l'attaque secondaire, elle est absolument impraticable :

1° L'ordre repose sur la construction de
deux passerelles. Pour ne pas donner l'éveil
à l'ennemi, le travail ne sera entrepris qu'au
dernier moment. Ces passerelles ne seront
jamais établies; les mitrailleurs allemands

d'en face massacrent les travailleurs et rendent impossible la pose d'une seule poutre. C'était à prévoir.

2° L'attaque secondaire devait se faire par trois bataillons. Imagine-t-on 2.400 hommes passant en colonne par deux sur ces passerelles, sous le feu des mitrailleuses et de l'artillerie ennemies!! La préparation insuffisante (par pénurie d'artillerie) laissait à l'ennemi la plupart de ses moyens d'action.

3° De l'autre côté du canal et en bordure, un groupe de maisons, trop rapprochées de nos lignes, accolées à la berge du canal, pour être démolies par notre canon, regorgeaient de mitrailleuses. Une pièce de 80 de montagne est bien amenée à bras, mais elle fait une besogne insignifiante.

4° Enfin, imagine-t-on le déploiement, sous le feu, de 2.000 hommes sur la rive opposée, non reconnue, au débouché du défilé constitué par les passerelles! L'artillerie ennemie, si précise, eût fait une boucherie, et les troupes eussent inévitablement tournoyé. Bienheureuses si les passerelles n'avaient pas été rompues à coups d'obus derrière elles.

De tels ordres sont des œuvres superficielles de bureau, des jeux sur la carte; ils ne sont pas assez étudiés *sur le terrain, face à l'ennemi.* .

Cette opération secondaire, possible pour une compagnie ou deux au plus, agissant en coup de main à l'aube, devenait une chimère exécutée par trois bataillons.

Eclairé sur les inconvénients graves de ces dispositions, l'état-major apporte à son premier ordre un palliatif qui est encore loin, toutefois, de résoudre toutes les difficultés : l'attaque secondaire ne débouchera qu'après la prise de la cote 14. On suppose que l'ennemi, en face Boesinghe, menacé alors directement sur sa gauche, ne réagira qu'avec circonspection.

L'attaque ne réussit pas (préparation trop faible, impuissance du canon de campagne contre les retranchements, artillerie ennemie — calibre supérieur : 150 — insuffisamment contrebattue, en somme moyens d'action inférieurs aux nécessités) : l'effort principal n'enlève ni la cote 14, ni la cote 17; quant à l'attaque secondaire, elle ne peut même esquisser son débouché.

Le 1er mai, mêmes tentatives, dans les mêmes conditions : même insuccès. Le soir, les Anglais entreprennent, par échelons, au contact direct avec l'ennemi, un laborieux mouvement de repli vers des positions moins avancées. Cette opération se poursuit, parmi les attaques ennemies, pendant les journées du 2, du 3 et s'achève dans la nuit du 3 au 4.

Les Français, pour occuper l'attention de l'adversaire, renouvellent les attaques contre les cotes 14 et 17. La cote 17 finit par être prise, le 3 ; ce qui enlève à l'ennemi la possibilité d'inquiéter sérieusement le repli anglais. La pression allemande sera toujours considérable sur le front britannique. C'est une trop belle occasion de talonner un ennemi en retraite (opération très délicate), mal accroché au terrain ; il faut le bourrer pour mettre le désordre et le flottement dans ses troupes. Mais l'installation française à la cote 17 donne une charnière à ce repli ; elle empêche l'ennemi de faire brèche au point de jonction et de menacer les flancs et même les communications de la ligne anglaise.

A partir de ce moment, il ne peut plus être question de rétablir la situation du 22 avril. Il reste, toutefois, à chasser complètement les Allemands de la rive gauche où ils tiennent encore une petite tête de pont à hauteur de Steenstraete-Het-Sas.

La retraite anglaise montre, une fois de plus, la nécessité *impérative* d'organiser complètement à l'avance les positions d'arrière. Faute d'avoir pu être consolidée suffisamment en raison du feu d'artillerie et du harcèlement de l'ennemi, la nouvelle ligne anglaise est enfoncée, dès le 4 mai, sur le front Zonnebeke-bois du Polygone et obligée de refluer vers la route Ypres-Gheluvelt. *Si des troupes, même excellentes, dans une retraite, même volontaire, ne rencontrent pas une ligne de points d'appui organisés avec tranchées et défenses accessoires où, immédiatement, elles récupèrent l'appoint si considérable de la fortification de campagne, il devient extrêmement difficile d'arrêter un repli devant un adversaire entreprenant. Des échelons frais, sur de nouvelles positions incomplètement organisées, sont insuffisants : ils seront entraînés à leur tour dans le reflux.*

Ce jour même, à midi, les Français font une tentative avortée sur la Maison du Collègue, en face Het-Sas. Cette opération ne s'explique guère :

1° Elle est décidée à la suite d'une photographie d'avion. Mais aucune reconnaissance des lignes ne précède. Les troupes, chargées

de l'affaire, sont arrivées la nuit précédente :
elles ignorent le terrain, même la zone entre
les lignes. Un cliché d'avion, pris à 1.500 à
2.000 mètres de hauteur, ne peut donner les
détails du sol. Ceux-ci sont capitaux pour
l'infanterie, que le moindre imprévu immo-
bilise devant un feu roulant de mitrailleuses.
Ce jour-là, par exemple, le cliché n'a pas
suffisamment fait ressortir un fossé maréca-
geux, rempli d'eau par les dernières pluies,
bordé sur chaque berge de fils de fer et sur
lequel les vagues, arrêtées, se superposent
sous le feu. Il y a de très grosses pertes pour
un résultat nul. *Quels que soient les renseignements recueillis par le commandement, l'infanterie, chargée de la besogne, doit toujours
faire sa reconnaissance personnelle; rien ne
saurait y suppléer.*

2º L'effectif engagé est d'une compagnie.
Que peut cette compagnie? Un coup de poing
contre un mur !

Pour réduire la tête de pont, il faut la presser partout à la fois dans une attaque concentrique et non chercher à l'entamer par tranches isolées de petits fragments de secteurs.
Dans le cas présent, il faut écraser de projectiles toute la tête de pont par un bombarde-

ment efficace et vérifié (y mettre le temps nécessaire), puis, au moment précis de l'assaut, allonger le tir pour faire taire les organisations allemandes de la rive est, et enfin consacrer à l'opération le nombre de bataillons nécessaires.

Ce procédé, mis en pratique les 15 et 16 mai, aboutit à un succès complet. Il n'y a plus d'Allemands, le 17, sur la rive gauche du canal.

3° La préparation (artillerie de campagne) dure une demi-heure. Absolument insuffisant.

Les Allemands comprennent vite, d'ailleurs, qu'ils ne doivent pas insister sur le front de Steenstraete. Il n'y a plus d'espoir de reprendre l'avantage dans cette direction : les Français sont complètement revenus de la surprise; leurs forces sont importantes; la ligne d'eau est très difficile à passer, puis il faudrait combattre avec elle à dos. Ce n'est pas par là qu'il faut tenter la chance.

La situation générale dicte la conduite à tenir. L'attaque principale doit porter sur le front britannique. L'ennemi recule; il n'est pas encore fixé au terrain; donc c'est là le point faible de la bataille. L'attaque vers le

sud-est menace directement Ypres, et le succès non seulement fera tomber le saillant
protecteur, mais encore permettra aux troupes allemandes de s'avancer en coin entre les
Français et les Anglais. Enfin, il n'y a, par là,
qu'à poursuivre des résultats déjà obtenus, et
aucun obstacle matériel ne vient gêner la
tactique; au contraire, les points d'appui sont
nombreux. Pour attirer l'attention à l'opposé
du champ de bataille, le commandement allemand simule une préparation d'attaque vers
Dixmude. Il passe même à un commencement
d'exécution : dans la nuit du 11 au 12, trois
bataillons, soutenus par une puissante artillerie, prononcent une vigoureuse attaque. La
démonstration est appuyée d'une seconde
feinte dans la nuit du 12 au 13. Renouvelée
le 26.

Le 8 mai, une violente poussée allemande
accentue encore la retraite anglaise. En cer-
tains points, la ligne passe au sud de la route
Ypres-Gheluvelt. Le 24 mai, l'ennemi prononce
son attaque principale sur ce front, à la faveur
d'un nouveau dégagement de gaz, et après un
long et terrible bombardement de tous cali-
bres. C'est là qu'apparaissent les « 130 »
autrichiens (amplification du 88). La ligne

anglaise fléchit encore. La liaison franco-britannique est même compromise. Mais, le 26, les Anglais, qui reçoivent des renforts, rétablissent leur ligne sur la route Ypres-Gheluvelt. Les Français, de leur côté, soutiennent vigoureusement leurs alliés. De vives attaques enlèvent la cote 14 (1) et élargissent nos positions à la cote 17. Dès lors, les Français peuvent agir en flanc des Allemands. Ceux-ci sont contraints de céder à leur tour du terrain et la lutte finit par se cristalliser (fin mai) sur le front Pilkern-Saint-Jean-Hooge.

Le bilan de l'entreprise est marqué par un gain, pour les Allemands, de 4 kilomètres sur le front français et 2 kilomètres sur le front britannique.

Mais ce résultat n'en est pas moins une déception en regard des bénéfices espérés. Aucun des adversaires (Belges, Français, Anglais) n'est « knock-out »; aucun n'est même sérieusement entamé. Le saillant d'Ypres, quoique réduit, existe toujours. Pas plus qu'Ypres, le canal n'est devenu alle-

---

(1) Déjà enlevée une fois au début de mai. Mais un tir malencontreux d'une batterie de 75 non prévenue dut la faire évacuer. A méditer pour les liaisons entre l'infanterie et l'artillerie.

mand : il sert simplement de frontière. Pas
même l'avantage d'une tête de pont; aucune
répercussion, ainsi, sur les offensives ulté-
rieures pour manœuvrer sur l'une ou l'autre
rive. La soudure, enfin, entre les Alliés, un
moment ébranlée à droite, s'est reformée
solidement.

*Tout est à recommencer pour toucher au
décisif.*

CONCLUSION

Mai 1915 marque la fin de la première phase de la guerre. Chaque belligérant a le secret espoir de ressaisir la manœuvre et, par elle, le succès décisif. Toutes les opérations tendent, plus ou moins ouvertement, vers ce but.

La deuxième phase, qui n'est pas encore terminée, comprend les efforts gigantesques de rupture directe des fronts. Elle embrasse une série de puissantes attaques qui sont des éruptions isolées dont les effets ne ricochent pas de l'une à l'autre. Tout en perfectionnant les moyens matériels et les dispositifs tactiques, ces coups de bélier finissent par se localiser dans deux zones principales : les Flandres (la côte, la Belgique, Lille) et le secteur de la Meuse (bassin de Briey). La manœuvre ne fait plus partie intégrante de la bataille : c'est un corollaire qui découlera ; c'est un remaniement stratégique qui établira de nouvelles bases pour de futures opérations.

Quoi qu'il en soit, avant de clore l'étude de

la première phase, il convient de mettre en relief les principaux enseignements :

I. — Cette guerre, où le péril réside dans la confusion des pouvoirs, la dispersion et la vanité des efforts, exige, *surtout entre alliés, une direction et un plan uniques.* Il y a encore trop de cloisons étanches. En dépit des comités et des conférences, chaque belligérant donne l'impression de faire la guerre pour son propre compte. Une coalition n'est forte et féconde qu'à la condition d'être dirigée par un commandement unique, omnipotent. Il y a encore de grands progrès à réaliser dans ce sens. Mais l'œuvre est humaine : elle demande seulement de la confiance mutuelle, de la volonté et un esprit d'organisation net et pratique.

II. — La forme nouvelle de la guerre tend à mêler de plus en plus la vie économique, la politique, le moral du pays aux choses militaires. Par suite, inévitablement, la direction des opérations elle-même est de plus en plus influencée par des hommes qui ne sont pas avant tout des soldats. L'écueil du système serait de perdre de vue, pour des accessoires, le but véritable et *unique* de la guerre :

la destruction des forces armées de l'adversaire.
Le fait s'est produit si souvent déjà, au cours
de l'Histoire, quand il y a eu, comme c'est
le cas actuel, ingérences extérieures dans le
militaire, qu'il n'est pas inutile de parler de
la question.

Il ne faut pas confondre la décision de la
guerre avec la situation des parties au moment de la discussion des traités. La « carte
de guerre » est l'argument de celui des belli-
gérants qui, d'avance, prépare l'issue indé-
cise où chacun peut parler haut. Peu importe
la « carte de guerre » au vainqueur par les
armes : il dicte ses volontés, et c'est à prendre ou à laisser.

Il ne convient pas d'apporter, dans la
guerre, des considérations géographiques
(bassin de Briey à part, pour des raisons
militaires), même dans un sentiment patrio-
tique. Il ne faut pas discuter s'il est préféra-
ble de tenter l'offensive de Lens à Reims par
Saint-Quentin pour dégager le nord de la
France ou par les Flandres pour faire évacuer une partie de la Belgique d'Ostende à
Bruges. Il faut se demander :

1° Sur quel point l'offensive a le plus de
chances de réussir ;

2° Où cette offensive amènera la meilleure décision militaire.

Les Allemands peuvent viser Pétrograd; ils préparent la « carte de guerre » dont nous n'avons cure, puisque nous sommes la force triomphante. Il appartient aux Alliés, sûrs d'eux-mêmes, de ne pas s'écarter des grands principes éternels qui régissent toutes les guerres. C'est la seule manière de ne pas retarder d'un jour l'aurore magnifique de la victoire.

III. — Dans le domaine de la tactique, la victoire n'est payée que par une accumulation *énorme* de moyens parmi lesquels l'artillerie vient en première ligne. La puissance de l'armement est devenue telle qu'il suffit de petits groupes ayant échappé à la démoralisation pour faire hésiter le succès, parfois même au dernier moment. Il faut réaliser l'écrasement radical de l'ennemi. Et pour cela, il faut un matériel de guerre qui, jusqu'au jour de la paix *imposée*, ne sera jamais assez complet ni assez puissant. Donc que chacun, quelle que soit sa situation dans la nation, s'ingénie à contribuer de toutes ses ressources et facultés à la défense nationale.

× ×

Il est évident que les échecs des **Alliés** à modifier la situation générale sont dus à l'absence de toute coordination dans leur stratégie.

Il a été beaucoup parlé de front unique et, néanmoins, il a été adopté un système de combats par sections sans tenir compte des pensées stratégiques plus vastes de l'ennemi.

Il s'agit moins d'être nombreux que d'être unis sous un commandement commun.

SOMME — OISE ET MARNE

Opérat. franco-britann.   Fig. 10.

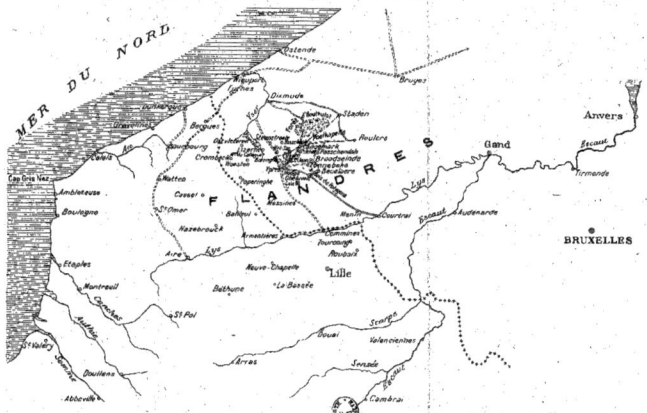

— 133 —

MER DU NORD

FLANDRES

Ostende
Bruges
Dixmude
Furnes
Sladen
Roulers
Gand
Anvers
Escaut
Termonde
Lys
Courtrai
Escaut
Audenarde
BRUXELLES
Lille
Roubaix
Commines
Mazingue
Neuve-Chapelle
La Bassée
Béthune
St Pol
Douai
Valenciennes
Scarpe
Arras
Cambrai
Abbeville
Doullens
St Valéry
Montreuil
Étaples
Boulogne
Ambleteuse
Cap Gris Nez
Calais
Dunkerque
Bergues
Bourbourg
Wattes
Cassel
St Omer
Hazebrouck
Aire
Lys
Armentières
Bailleul
Ypres

FLANDRES

Echelle

0   10   20   30   40 km.

FIG. 11.

TABLE DES MATIÈRES.

PARIS ET LIMOGES. — IMPRIMERIE MILITAIRE CHARLES-LAVAUZELLE.

Majoration temporaire 20 °/₀. — Décision du Syndicat des Éditeurs
...décembre 1917 (Section Sciences, Médecine, Art militaire).

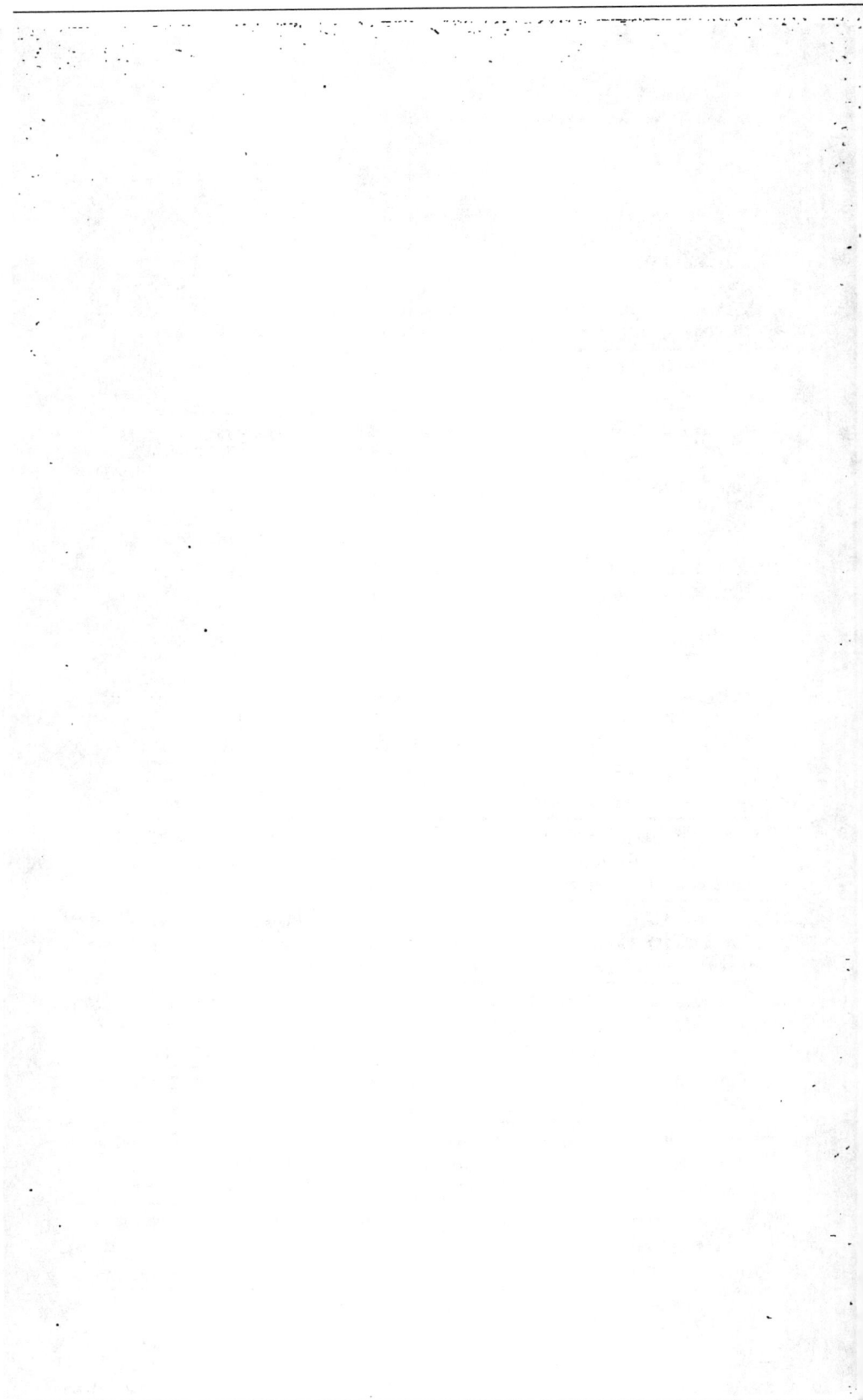

www.ingramcontent.com/pod-product-compliance
Lightning Source LLC
Chambersburg PA
CBHW071811090426
42737CB00012B/2036